本書関連地図（三重県志摩地方）

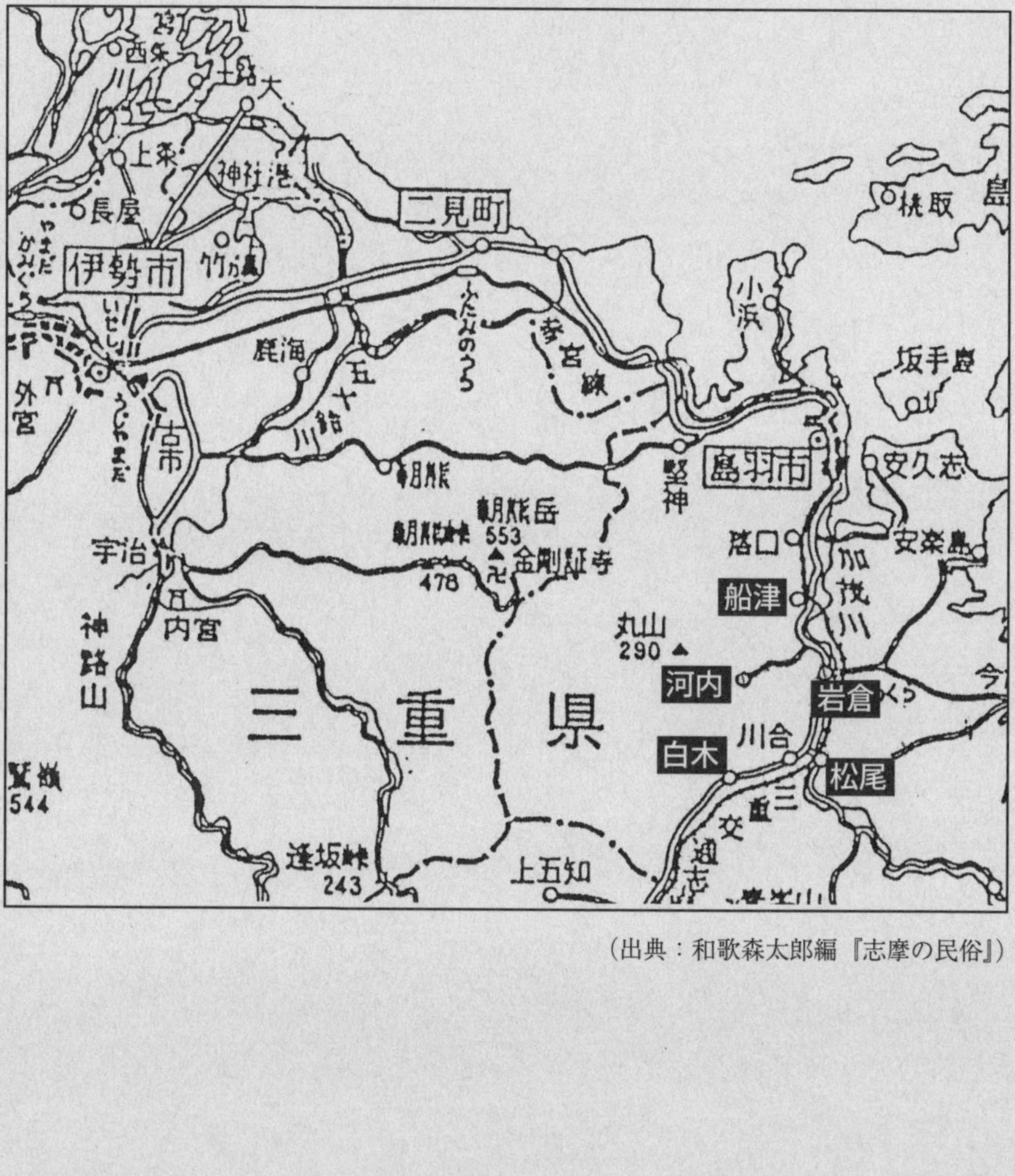

（出典：和歌森太郎編『志摩の民俗』）

個の社会の和様化

宗教民俗学の視点から

川上光代

風媒社

はじめに

かつて日本人は、家族や地域住民と共に暮らしてきた。農家の人々は、結婚や希に奉公に行く以外、生まれた土地を離れることはなかった。ところが明治以後、特に戦後、故郷を離れて、都市やその周辺地域に就職する人が増えた。現在、農山村は「限界集落」、都市は「個の社会」「無縁社会」となり、不安と孤独の中に生きている人が多い。日本の社会は集団社会から個人中心の社会に変化してしまったが、果たして個の社会は、不幸な社会なのだろうか。

本稿では過去と現在の生活を、民俗調査に基づいて比較研究しようと思うが……関敬吾氏は、民俗学の課題として「事物の原始形をもとめるだけでなく、現在まで到達した経過を明らかにすることが重要である」。「しかも西洋諸国の民俗学と異なり、つねに現代的な課題と当面している点が日本民俗学の特色としている」(1)という。日本の社会を「過去の社会」と「現在の社会」と二分するのではなく、過去から現在に至った過程を考えながら、よりよい未来を築く研究でなくてはいけない。

これまで過去の社会は、急激な変化のない農山村部に求めることができた。戦後、一九八〇年代頃までは、民俗学ブームもあって、公の機関や大学のサークルや民間の研究会が、農山村部を調査してきた。当時は高度経済成長期の真只中であり、都会人が農山村の生活を観ると、時代遅れで興味深かった。現在の農山村は高齢者だけの村が多く、旧共同体の体制を成していない。

むしろ農山村よりも、都市の変わった墓や簡略化した葬式、ペットの葬式、新宗教、占いなどの調査や取材が注目されている。都市の調査は「都市民俗学」という新しい分野になった。結局、農村民俗学も都市民俗学も珍しさだけが先行しているようである。

関氏は「民俗学は日本においてはその成立がおそく、かつ特殊な理論的整備が不十分なために、民俗学は科学にあらずと批判する人もある」[2]と述べているように、これまでの民俗調査は、素人の趣味の領域から脱することができなかった。

本稿では個人中心の社会を「個の社会」といっているように、集団社会を「集の社会」と記すことにする。「集の社会」として「加茂五郷」と呼ばれている三重県鳥羽市船津町、岩倉町、河内町、松尾町、白木町、「個の社会」として名古屋市とその周辺地域の宗教を中心に調査した。内、加茂五郷は昭和五十八（一九八三）年から昭和六十（一九八五）年まで、愛知学院大学大学院文学研究科の盆行事研究会に所属し、盆行事を中心に調査した後、個人的に平成五（一九九三）年頃まで調査し『志摩地方の宗教民俗誌』にまとめた。名古屋市と周辺地域は昭和六十二（一九八七）年から平成二（一九九〇）年まで、中外日報社（全国版の宗教専門紙）の記者として取材し、補足調査をした後、日本宗教学会や東海印度学仏教学会、南山宗教文化研究所発行の『宗教と宗教の〈あいだ〉』などに発表した。長年、農村と都市の生活や宗教を調査してきたが、論文の体裁が整わず、折角の調査資料も放置したままになっていた。調査は古いので、現在行われていない行事や聞き違いもあるはずである。地元の方々や関係者にとって気になることであるが、「集の社会」と「個の社会」の基本的な形として受け止めていただければと思う。なお加茂五郷の調査報告の中で「現在は……」と書いてある箇所は、最終調査の平成初年（一九八九〜九三）のことである。また「中外日報」に掲載された記事の内、筆者が取材した箇所やテレビのニュースには註を入れていないことや、一部敬称を略したことなど、了解いただければと思う。

註

（1）関敬吾編『民俗学』角川書店、一九六三年、二一三頁。

（2）前掲書、八頁。

目次◉個の社会の和様化

第二部　個の社会とその信仰　87

第一部

集の社会とその信仰

「はじめに」で触れたように、「集の社会」として、まず幕藩体制下の旧村落共同体の社会組織とその霊的世界など、日本の社会の原型を辿ってみたいと思う。ただ旧村落共同体を「社会」というのは問題があるが、(1)「個の社会」に合わせて「集の社会」と分類することにする。

第一章◉旧村落共同体の構造——三重県鳥羽市旧加茂五郷を中心に——

序文　伊勢志摩地方

(一) 伊勢志摩地方の民俗調査報告書

伊勢志摩地方は伊勢神宮をはじめ、山岳信仰、海側・山側・離島の生活、祭りなどあり、民俗研究者にとって魅力的な場所で、これまで次のような『調査報告書』が発行されてきた。

三重県神職会編『三重県下の特殊神事』一九二八年。
岩田準一『志摩のはしりがね』自刊、一九四〇年。
中田政吉『鳥羽志摩の茶話』自刊、一九四九年。
中村精弍『志摩の地名の話』国立公園協会、一九五一年。
井上頼寿『伊勢信仰と民俗』神宮司庁、一九五五年。

堀田吉雄『日本民俗学体系第一一巻・地方別民俗学調査研究・三重県篇』平凡社、一九五八年。

藤谷俊雄、直木孝次郎『伊勢神宮』三一書房、一九六〇年。

倉田正邦編『伊勢志摩の民俗』未来社、一九六一年。

堀田吉雄『伊勢伊賀のカン鼓踊』三重県教育委員会、一九六三年。

井村かね『伊勢古市のこぼれ話』自刊、一九六四年。

森田利吉『三重県の文化財』三重県学生協同組合、一九六四年。

県民室編『三重県史』三重県、一九六四年。

和歌森太郎編『志摩の民俗』吉川弘文館、一九六五年。

大間知篤三『志摩の年齢階梯制』文化庁、一九六五年。

久曽神昇編『海女のむら—鳥羽市国崎—』愛知大学、一九六五年。

三重県立博物館『三重県志摩地方の民俗調査—答志・志摩町和具、越賀—』一九六六年。

堀田吉雄編『伊勢湾漁撈習俗調査報告書』三重県教育委員会、一九六六年。

堀田吉雄『志摩の海女よもやま話』三重県警察本部、一九六七年。

堀哲『志摩離島の民俗』一誠社、一九六八年。

清水三郎、倉田正邦共編『伊勢湾漁業資料集』三重県郷土資料刊行会、一九六八年。

堀田吉雄『志摩の寝屋とよばい婚』桑名ライオンズクラブ、一九六八年。

堀田吉雄編『鳥羽志摩漁撈習俗調査報告書』三重県教育委員会、一九六八年。

鈴木敏雄『志摩の民俗』三重県郷土資料刊行会、一九六八年。

曽我部市太編『鳥羽誌』伊勢書店、一九六九年。

堀田吉雄編著『伊勢大神楽』伊勢大神楽講社、一九六九年。

堀田吉雄『日本民俗学第七一号・地方別民俗学調査研究の現況・三重県篇』日本民俗学会、一九七〇年。

中岡志州『鳥羽志摩新誌』中岡書店、一九七〇年。

岩田準一『鳥羽志摩の民俗』鳥羽志摩文化研究会、一九七〇年。

井阪丹羽太郎『志摩国旧地考』三重県図書館、一九七〇年。

岩田準一『志摩の海女』鳥羽志摩文化研究会、一九七一年。

堀田吉雄『日本の民俗・三重』第一法規出版、一九七二年。


など切りがないほど、伊勢志摩地方の民俗調査は盛んであった。特に堀田吉雄氏主宰の民俗研究会（一九六〇〜八〇年代頃）は、精力的に調査を行ってきた。

（二）加茂五郷の概要

三重県鳥羽市加茂五郷は、永禄十二（一五六九）年、九鬼嘉隆が鳥羽城を築いて以来、鳥羽藩の所轄となった。鳥羽藩のほとんどが沿岸地帯であったのに対して、加茂五郷は磯部九郷と共に、藩の穀物地帯として重要視されてきた。江戸時代は船津村、岩倉村、河内村、松尾村、白木村といわれていた。鳥羽市を北流する加茂川流域に位置しているので、古くから「加茂五郷」と総称してきた。また駅馬があったので「駅馬郷」ともいわれていた。古歌に「こち（河内）吹かば、船津に入れよ白木船、君をまつを（松尾）はればいわくら（岩倉）」と歌われていた。

明治二十二（一八八九）年、町村制実施によって加茂五郷に安楽島が加わり加茂村を構成する大字名になった。その後昭和二十九（一九五四）年から鳥羽市の町名となった。[2] 同郷は稲作中心の農村地帯であったが、現在はほとんどの家が兼業である。

明治末期の神社整理にともない、明治四十三（一九一〇）年、河内町の八柱神社、西宝神社、底筒神社、岩倉町の加茂八幡九鬼神社、萩原神社、白木町の白木神社は松尾町の松尾神社に合祀され、「加茂神社」と改称された。昭和二十九（一九五四）年以後、河内町、岩倉町の神体は、それぞれの町に返還され、氏神として祀られている。白木町だけは、現在もなお加茂神社に合祀されたままで、祭りも松尾町と共に行っている。盆の大念仏・柱松行事は、昭和六十二（一九八七）年無形文化財に指定された。

各町の檀那寺として船津町は曹洞宗白言寺、岩倉町は同極楽寺、河内町は同慶蔵院、松尾町は同天徳寺、白木町は同地福院があり、檀家の先祖供養や地下の行事を行っている。各町内の所々には観音、薬師、地蔵、山の神、庚申などの祠があり、地下の人々が信仰してきた。

河内町の丸山には真言宗御室派朝熊山金剛證寺の奥の院・丸興山庫蔵寺、松尾町の青峰山には志摩第一の巨刹といわれている真言宗大覚寺派青峰山正福寺がある。現在、庫蔵寺は参詣者が少なく寂れているが、正福寺の本尊十一面観世音菩薩は、海の守り本尊として、船乗りや海女、造船に携わる人々の信仰を集めており、祭日には他県からも参詣者が訪れる。

註

（1）旧共同体は同質者同士の共同体である。つまり世間であった。

（2）大間知篤三『志摩の年齢階梯制』文化庁、一九六五年。地元・松本茂一氏の研究資料参考。

一　同族集団

（一）家

日本の家は加茂五郷に限らず、原則として父系の血統である。家の最高権力者は「家長」と呼ばれ、長男が引き継いだが、男子がいない場合は養子を迎えて継続してきた。家長は家業と「先祖代々之墓」を継承し、家族を守る責任があった。家長の下、家族は共に「先祖」を祀ることによって結束していた。家族が無事に暮らしていけるのは、「御先祖様のお陰」と日々、感謝をしてきた。

家での座席順は地域によって異なるが、一般に家長が上座、次期家長の長男が次の座、以下、次男、三男、長女、次女、三女、隠居した家長夫婦、家長の妻や長男の妻は台所の近くに座った。娘が他家に嫁ぐ時や嫁が他家から嫁いで来た時は、必ず仏壇や墓を参り、先祖に報告をした。愛知県海部郡大治町では結婚式の翌日、姑が近所に新婦を連れて「テマ（手伝い）を貰いました」といって回ったという。嫁は婚家の家族となり、家業の従事者となった。

（二）本家と分家

先述の如く家は長男が引き継ぐのが普通であった。次男以下は分家して独立するか、他家の養子になった。分家する時は家、道具、家畜など財産分与され、本家の位牌の一つを貰い受けるか、新しく「先祖代々之位牌」を作って祀った。本家を「ホンケ」、分家を「ブンケ」、あるいは「インキョ」といった。分家は独立しても本家の恩を忘れることはなかった。

分家は正月に河内町では「礼」といって、両親が健在の場合はセチ（鏡餅）をふたかさね（二重）、片親の場合はひとかさね（一重）持って礼に行く。

一月四日のセチワリ（鏡開き）には、嫁に行った娘とその婿が帰って来る。この日に分家は本家に招かれ、セチを振舞われる。

盆は「盆礼」といって分家は本家に素麺を持って行き、仏壇を参る。現在、正月は酒、盆はビールを持って行く家が多い。

本家、分家の関係を明確にしているものとして墓がある。松尾町では共同墓地の中央にある三界万霊牌に近い方を「上」といって、本家筋の墓が集まっている。分家の墓は本家の墓の隣に建てる。主に正月、盆、彼岸、法事に墓参りをする。大晦日は「年越え参り」といって、本家の墓に樒を供える。墓参の順序は河内町の場合、六地蔵→本家の墓→自分の家の墓→戦没者の墓→母の実家の墓→妻の実家の墓の順に参る。嫁を貰ったら嫁の実家の墓も参る。

本家、分家の相互扶助として農作業の手伝いがあるが、分家の方が多く本家を手伝っている。

玄関の注連縄
葬式が発生すると取り外す。注連縄の多い家は葬式を出していない家（松尾）

縁組は昭和初年までは村内婚が一般的で、仲人は本家筋の者が行った。葬式は本家筋の長老が親類頭を務めた。埋葬する場所は、本家筋の長老が死者の家柄や地位、年齢を考慮して決めた。

本家、分家の関係は、三、四代まで続く。以後は本家筋、分家筋の中で、本家、分家の関係ができ、嫁の実家とも親類付き合いが始まる。

(三) イットウ

一般に親類付き合いは、中心の夫婦の死亡によって、だんだん薄れていくが、松尾町では「イットウ」（一統）と呼ばれる同族集団が存続している。

イットウは竹内三兵衛屋、竹内清太夫屋、竹内作助屋、野村瓦屋、野村万吉屋、松本若吉屋、押田長兵衛屋、中田半兵衛屋、川中川端屋などの屋号で呼ばれている。

イットウの中にはイットウの神を祀っている家がある。例えば松尾町の竹内イットウの本家には「楠の宮」という屋敷神を祀っている。神体はナガモノで、「寿命の神」といわれているが、見た者はいない。元旦と毎月十一日の縁日に竹内イットウの人々が参る。元旦は祠前に注連縄を張って門松を立てる。一年分という意味から角餅十二重と十二の器に串柿、なまこ、なますを供える。午前十二時を過ぎると、竹内イットウの人々が参りに来る。この時ものをいってはいけないので、人が来たら隠れなくてはならない。そのため竹内イットウの人々は「無口」といわれている。一月十一日も十二の器に赤飯となまこを供える。

竹内イットウの楠の宮（松尾）

楠の宮の利益は古くより近隣に伝わっていた。九鬼水軍は朝鮮征伐（一五九二～九八）の折、楠の宮の木で竜頭を作り、船の先に付けて出陣したという。戦時中は他村からも武運長久の祈願に訪れた。

竹内イットウの分家には「足神」という足の病を治す神を祀っている。足が悪い時、履物を供えて拝むと良くなるといわれている。

血縁に基づく集団の内、本家・分家の関係は、何代か経過すると消滅し、新たな本家、分家の関係が生まれるが、イットウは今日まで共通の神を祀って継続してきた。しかし何時の日か、構成員が離郷すれば継続不可能となり、イットウの神も氏神の中に融合されるであろう。

二　旧家の講

(一) ベザイテン

河内町の威勢者であった上村姓の本家と第一分家の五軒と中村姓二軒、木下姓一軒の八軒がベザイテンを祀っている。神体は小田の山中の祠に、弁財天とその十二人の子供である十二支の木像を祀っている。元の神体は、祠の後方に群立する十二の岩であった。ベザイテンは子宝の神、万病の神として信仰されてきた。十二月五日が祭日で、輪番で禱番（禱屋）を行う。禱屋はイマレのかかっている家（葬式を出した家）は除かれる。禱屋には、二週間前から青竹二本を立て、注連縄を張って、不浄なものが入らないようにする。祭りの当日、禱番は祠の掃除をし、注連縄を張って懸魚（鯛二匹）を吊るす。神前には酒、赤飯、蛸の酢の物、なます、煮干しを供える。午前中、講員は各自で祠を参って十二人（後方の岩）に酒、赤飯、なますを供える。禱屋には弁財天の掛け軸を掛け、酒、飯、汁物など供える。午前十一時頃に講員は禱屋に参集し、高膳の接待を受ける。禱番は同席せず、酒や食事を勧める。かつてベザイテンの境内の木を売った収益で禱を炊いたが、現在は禱番が負担している。二十一年ごとの遷宮の日には、神職を招き、祈願の後、餅撒きをして直会をする。

ベザイテン
禱屋で講員は高膳の接待を受ける（河内）

(二) 権現講

河内町の権現講は、宝暦年間（一七五一〜六三年）、九鬼家の家老であった片岡利右衛門の子孫を中心とした二十軒が加入していた。現在は片岡姓六軒、中村姓一軒、奥村姓一軒が加入している。片岡家本家の名義になっている上登の土地に、アラガミサン（荒神）を祀っている。神体は不明。

十一月二十三日の祭日には、禱番が祠の掃除をした後、注連縄を張り懸魚を吊るして、酒、赤飯を供える。午前中、講員各自が祠に賽銭を供えて参って来る。戦前までは禱屋で直会をした。現在は禱番が参拝者に饅頭を渡している。

（三）五輪塔

船津町の白言寺裏に建っていた七基ほどの五輪塔を、河村家、寺田家、木本家ら五軒が守ってきたが、現在、各家の墓に移転した。

（四）観音堂

岩倉町の極楽寺入口に所在する観音堂は、河村姓二軒、中村姓一軒、上村姓一軒、大山姓一軒、上野姓一軒の六軒が別当仲間をつくって管理をしてきた。以前はこの六軒以外にも加入している家があった。農繁期以外の毎月十八日が縁日で、禱番が午後から掃除をして、酒、菓子、金を供える。夕方、極楽寺の住職が経をあげに来る。

（五）中の宮

松尾町には氏神の加茂神社の他に、白木の宮、道仏の宮、中の宮の三つの宮がある。白木の宮は松本姓、上村姓、道仏の宮は道仏地区、中の宮は野村姓、竹内姓、押田姓、島田姓が加入している。内、中の宮は昭和二十九（一九五四）年に加茂神社から返還され、加茂神社横の薬師堂で祭りを継続している。

中の宮の氏子は年齢順に、薬師堂の年寄りに加入する。年寄りは一老から五老までいる。二老は「年番」と呼ばれ、一年間、薬師堂の鍵を管理し、毎月十二日の薬師の縁日に薬師堂を開け、礼供膳ににぎりめし五個と菓子二包を供える。任期は八月十六日から翌年八月十五日までで、毎年上から順に一人ずつ引退する。一老が引退する「ひきあい」には、次期一老が記念品を贈呈する。

薬師の縁日には念仏ばあさん（梅花講）が「薬師念仏」（御詠歌）をあげる。念仏ばあさんは他の宮の氏子でも構わない。一月十二日の初念仏には、薬師の年寄りが念仏ばあさんに、肉うどんをつくって馳走をする。十二月二十三日には「宮の禱」という中の宮の行事がある。加茂神社前の薬師の田で、禱番は一年間禱のための粳米をつくった。昭和五（一九三〇）年までは、十二月二十一日の夜から翌朝まで「ヤッサヅキ」という餅つきをした。右利きと左利きの二人の若者が褌一つで、木の臼に三本の杵を取り合い、拍子に合わせて「そろうた　そろうた　三本の杵が……」と歌いながら搗いた。氏子の小学一年生以上の男児全員、宮の禱の日に餅と年寄りが煮た大根を馳走になった。現在は加茂神社に氏子総代、会計、薬師の年寄りが参列の上、神職によって祭典を執り行い、薬師の田の収益で買った寿司で直会をする。

旧家の講は同族や旧家が集まって営まれてきたが、講員の転居で持続不可能となり、解散した講や他姓が加わって継続してきた講もある。

三　地縁小集団の講

（一）行者講

河内町の行者講は、木下姓、片岡姓、奥村姓が祀ってきたが、現在は上登、下登地区の二十四軒が加入している。登の個人の山（行者講非加入者）に、役の行者の石像を祀っている。

行者講・男性の席

行者講・女性の席
役行者の掛け軸に向かって唱え言を唱和する（河内）

一月八日と八月八日が祭日で、二軒ずつ輪番で禱番をする。祭りの当日、禱番は祠前の草刈りをし、注連縄を張って酒を供える。戦後数年までは各自祠に参ったが、現在は禱番が代参する。公民館に役の行者の掛け軸を掛け、飯、汁物、煮物などを膳にのせて供える。午後六時半、慶蔵院の住職と講員（一軒に一人が出席）が参列の上、掛け軸に向かって、唱え言を受け継いできた人を導師に「懺悔　懺悔　六根清浄　大峰八代　金剛童子　南無行者大菩薩」「なうまく　さんまいだ　ばざらだん　せんだ　まかろしや　そはた　や　うんたら　たかんまん」と十八回ずつ唱和する。会計報告の後、直会をする。献立の内容は飯、汁物、蛸の酢の物、あげ、蒲鉾、蒟蒻、竹輪、豆、なます、豆腐、刺身など。講員たちは直会をしながら、旅行の相談[1]や世間話に花が咲く。

岩倉町の行者講は明和五（一七六八）年に、二十七軒が山を買い取って役の行者の石像を安置した。以後、明和十年（？）[2]、天明七（一七八七）年、寛政九（一七九七）年、文化四（一八〇七）年[3]、天保七（一八三六）年、弘化四（一八四七）年、安政四（一八五七）年と、十年ごとに遷宮を行ってきた。文化十（一八一三）年に鳥居、安政四年に灯篭を建てた時は、他郷の行者講から米の寄付があった。戦前まで禱番は、一年間共有田の世話をする他、八月十八日の祭日には祠の掃除をし、登り坂に幟を立てた。戦前は講員が麓から法螺貝を吹きながら登り、拝所がんぎで祈祷の後、直会をした。岩倉町の行者講は、江戸時代は盛大であったが、戦前は十軒に減り、現在は山に祠が残ってるにすぎない。

（二）毘沙門天

河内町の杉ケ瀬、熊倉地区の十四軒が加入している。戦前は十七軒が加入していた。有栄の山中の祠に、毘沙門の石像を安置している。もともと神体は岩であったが、昭和三十（一九五五）年頃、毘沙門像を新たに祀った。十二月三日の祭日には、輪番で二軒が禱番を行う。禱番は祭りの前日から祠の掃除をし、注連縄を張って酒や餅を供える。当日、早朝に神前に各自酒を供えて参拝する。戦前までは禱番が準備した膳で直会をしたが、現在は禱番が参拝者に紅白の饅頭を渡すだけになった。

（三）シャグチサン

シャグチサン（社宮神）の祠（河内）

河内町の本河内地区の八軒がシャグチサン（社宮神）に加入している。元は地下の宮であったが、明治十二（一八七九）年、本河内地区の八軒が買い取った。子供の守護神として信仰されている。神体は不明（石ころといわれている）。禱番は一年間、時々掃除をする。十二月六日の祭日には祠の掃除をし、注連縄を張って懸魚を吊るし、酒、餅を供える。昭和五十一（一九七六）年までは、祭りの前日に、使いがシャグチサンの祭りがあることを告げて回った。当日の昼間は、講員の十五歳以下の子供全員が学校を早退して、高膳の馳走になった。献立の内容は膳に赤飯、汁物、饅頭（平にのせる）、菓子をのせ、大皿に鯛、蛸、刺身をのせた。夜は大人が一軒に一人、禱屋に招かれた。講員は羽織、袴を着用して、まず祠を参ってから禱屋に行った。全員集まったところで祠を遥拝し、直会をした。献立の内容は膳の上に赤飯、汁物、刺身、酒をのせ、大皿に鯛、蛸、刺身をのせた。現在、直会はなく、禱番が参拝者に饅頭を渡すだけになった。毎年、遷宮のための費用を徴収する。

(四) 庚申講

かつて松尾町の所々に庚申が祀ってあり、六十一日目の庚申の日に庚申講を行っていた。現在は岩森と道仏の二カ所だけが、盆すぎに一回行っている。禱屋に庚申の掛け軸を掛け、昆布、あげ、大根の煮物を供える。夕方講員が集まり、長老が唱える「五穀豊穣」に合わせて礼拝した後、禱番が準備した飯、味噌汁(豆腐、葱入り)、あげ、冬瓜、昆布の煮物を食べながら世間話をする。

船津町の新田にも昭和初年まで庚申講があった。新田の住民が毎月一回(日にちは不明)、どこかの家(禱屋?)に集まって夜通し寝ないで拝んだという。

(五) 地蔵講

船津町の新田の墓近くの十七、八軒が加入している。八月二十四日の地蔵盆には、輪番で二軒が禱番となって、墓地の入口の六地蔵を清掃した後、樒を供え夕方灯籠に火を灯す。かつて地蔵前に講員が集まり、先祖供養のために御詠歌をあげ、禱屋で駄菓子を食べた。現在は禱屋で菓子を食べながら、世間話をするだけになった。

註

(1) 昭和四十五(一九七〇)年より実施。

(2) 聞き取りでは明和十年ということであったが、明和は八年まで。安永六(一七七七)年と思われる。

(3) 文化十四(一八一七)年と天保七(一八三六)年の間の文政十(一八二七)年にも遷宮を行ったと思われるが、未調査。

四　その他の講

（一）大日講

戦前まで岩倉町のわかみこ（地名）で、牛を飼っていた家が、牛の供養を行っていた。縁日には住職の読経の後、禱番二人が準備した食事を食べた。他の講のような厳しさはなかったという。

（二）念仏講

河内町の河内神社下の小阿弥陀堂と小田の観音堂を念仏講の老女三人が管理している。小阿弥陀堂の観音は、昔盗まれた時に「小阿弥陀堂に帰りたい」と泣いたので戻されたという。子供のホトケとして信仰を集めており、縁日には子授けや安産祈願に訪れる。昭和五十七年（一九八二）年までは、毎月十七日の縁日の夕方に講員が小阿弥陀堂に参集し、炊き出し（禱番）が準備した食事を共食した後、御詠歌をあげ、その夜は籠って明朝再び御詠歌をあげた。炊き出し（輪番）は、観音像に水、花、供物を供え、味御飯を準備した。午後、観音堂に講員が参集し、共食した後、御詠歌をあげ、茶を飲みながら世間話をした。

念仏講
毎月 17 日に小阿弥陀堂で御詠歌をあげる
（河内）

観音堂は朝熊山奥の院・庫蔵寺の末寺で、白花山観音堂と号する。本尊十一

念仏講
毎月18日に観音堂で御詠歌をあげる（河内）

面観音は厄落としのホトケとして信仰されている。毎月十八日が縁日で、初午には厄落としが行われる。縁日には前日の小阿弥陀堂の炊き出しが引き続き禱番をし、観音像に水、花、供物を供える。午後から講員が観音堂に参集し、まず口伝えで受け継いできた「十句観音経」を唱える。

一、オンマカ　オチャ　シロニチャ　ソワカ

二、カンゼーオン（観世音）　ナームブツ（南無仏）　ヨウブツウーエン（与仏有因）　ブポウチョ（ソ？）ーネン（仏法僧念）　チョーネンカンゼーオン（朝念観世音）　ボーネンカンゼーオン（暮念観世音）　ネンネンジュウシンキ（念々従心起）　○○○○○（《念々不離心》、この箇所は記憶されていない）

それぞれ十一回唱える。本尊が十一面観音であるので、十一回唱えるといわれている。

講員は初午の折、前日から小阿弥陀堂に籠って準備をする。当日、観音堂前で二十五、四十二歳の男性と十九、三十三歳の女性が厄払いのために、年の数の金額、例えば四十二歳なら四十二円か、四百二十円か、四千二百円の金を撒く。その金を子供たちが拾う。

念仏講（梅花講）の講員は「念仏ばあさん」とも呼ばれており、各町にいた。河内町では一月十六日の「念仏はじめ」（寺、小阿弥陀堂、観音堂）、二月十五日・十月十五日の「斎」（寺）、四月八日の「降誕祭」（寺）、八月十四日の「初盆供養」（寺）、十二月七日の「事納め」（寺、小阿弥陀堂）、葬式、講に御詠歌をあげる。

昭和五十七（一九八二）年までは、丸山庫蔵寺の縁日の前日に、講員は庫蔵寺前の階段の掃除をした。

五　地縁大・小集団

江戸時代からの地縁集団

(一) 組

a　組の変遷

組は地下（後述）をいくつかに分轄した地縁小集団である。松尾町は江戸時代には川合組、上中ノ郷組、下中ノ郷組、北地組、道仏組の五組があった。昭和初期には川合組から畑ケ茶組が分離し、戦時中の隣組制度の時には、下中ノ郷組は共栄組、田中組、南組、登組に、北地組は平和組、共和組に分かれ、現在は川合組、畑ケ茶組、平和組、共和組、共栄組、田中組、南組、登組、道仏組の九組になった。

b　組の運営

組は山、藪、田など共有しており、その収益を組の費用に充てている。組長は、現在、二年ごとに二名選出している。組長の主な仕事は、組費集め、連絡、共同作業の折の接待など行っている。組員同士は、上下間はなく対等である。

c　相互扶助

組は主に葬式やユイ（出合い）の折に相互扶助を行う。組内に葬式が発生すると、通夜から葬式の翌日までの食事の準備や雑用を行う。松尾町では飯方（飯）、汁方（味噌汁）、煮方（煮しめ）、万歳方（大豆）、寺方（住職に膳を持って行く）、寄老会方（寄老会に膳を持って行く）、家具方（膳の整理）に分かれて準備をする。食事は男の役目、精霊は女の役目であったが、現在は男女関係なく手伝っている

d　組の祭り

組の祭りは松尾町では、農作業に取りかかる春の社日（三月末）と秋の社日（二百十日前夜の厄日）に、禱屋（輪番制）で日待ちを行う。春秋の社日には禱番（輪番制）の家の床の間に、天照大神の掛け軸を掛け、大豆飯、豆腐、昆布、茄子の煮物を供える。夜、禱屋に集合し、組行事、町内連絡、旅行先、組費などの相談や組長の選出を行う。零時近くになると、組長に合わせて掛け軸を礼拝し、外に出て加茂神社を遥拝する。

河内町では大正末までは、各組で作柄のよい年だけ、八月十七日に小阿弥陀堂で日待ち、翌日の十八日には観音堂で豊年踊りを行った。白木町では戦前までは、秋の刈り入れが終わった頃、「禱」といって、組仲間が集まり豆腐、大根、餅など共食した。

（二）地下（公会）

加茂五郷には町内会とは別に「地下」、あるいは「公会」という江戸時代からの地縁大集団がある。地下の組織が存在するのは河内町と松尾町だけで、白木町は戦時中、岩倉町は昭和二十九（一九五四）年、船津町は昭和四十（一九六五）年に廃止した。船津町、河内町は「地下」、岩倉町、松尾町、白木町は「公会」といっている。平成三（一九九一）年の河内町世帯数百五十四軒の内、地下加入世帯は百十三軒。松尾町の世帯数二百二十一軒の内、公会加入世帯は百七十六軒。船津町は明治の頃は五十七軒、大正十（一九二一）年は七十軒。以後、直系相続となり、平成三（一九九一）年は、世帯数二百二十八軒の内、加入軒数は七十九軒。

a　イリヤイケン

地下は地下山を共有している。かつて地下山の木で炭を製造し、その収益を地下の費用に充てていたが、現在、炭が売れないため、会費を徴収している。河内町では昭和五十八（一九八三）年から河内町農業協同組合と改称した。松尾町は負債整理組合と申合会をつくって、地下山の管理と会員相互の親睦を図って松尾町の財政や文化活動などに務めている。負債整理組合の役員は、組合長、理事、申合会の役員は、理事長、事務長、副事務長、協議員が決められている。両役員は町内会も兼務している。

公会の構成員について「松尾町公会規定・第四条」（「松尾町公会細則」）に「本会は当町住民であって、男子拾六歳より寄老会一老に至る迄の者を以て会員とする。但し従来より公会々員であった者、又はその家族に限る」と定めている。すなわち本町内に居住するイリヤイケンのある家の十六歳から寄老会一老に至るまでの男子によって構成されており、女子には資格がない。主人のいない家の女は準会員として選挙権がある。分家はイリヤイケンがあるが、一定の金額を納めなくては加入できない。

親子取りの儀式
寄老会、区長、親、子が見守る中、親子取りの儀式が執り行われる

b　擬制的親子関係―松尾町の親取り子取り―

イリヤイケンのある男子が十六歳になると、地下加入の儀式が行われる。

松尾町では「親取り子取り」の儀式を行う。この儀式は擬制的に親子関係を結ぶ「親取り子取り」と成年式の儀式である「フタエトリ」（額取り）の二つの儀式から成っていた。明治以後、二つの儀式は一つに合併され、現在は成年式の観念が薄れている。「松尾町公会細則・第九章」に「親子取りは年齢十六歳の男子が公会入りをなし、会員たるの資格披露としての親子取りの祝典を挙行し、親子間の親善を図ると共に、会員道徳の向上に努めるを以て目的とす」と定めている。五人の親と十人の子が儀式を執り行う。一人の親が二人の子を取る。親子の組み合わせは本人の意思は関係なく、生年月日順に決められる。儀式は十一月下旬に町事務所において、寄老会、区長、区長代理、親子が参列の上、執り行う。

「親子取り式次第」

一、開会
　下の一老が開会の辞を述べる。
二、一老挨拶
三、区長挨拶
　親子取りの説明をする。
四、三々九度杯
　高砂の曲が流れる中、親一人、子二人が親子の杯を交わす。
五、寄老会全員祝杯
　親子の杯の後、区長、区長代理、寄老会は親子から祝杯を受ける。
六、配膳
　親が準備した重箱の料理と魚、子が準備した膳と酒を運ぶ。
七、親の挨拶、子の挨拶
　親の年長者と子の年長者が挨拶をする。
八、祝宴を始める
　寄老会と親は食事をする。子は寄老会と親に酌をしてまわる。

「高砂」の曲が流れる中、親子の杯を交わす

九、御飯
御飯を運んでくる。
十、酒肴を全部下げる
十一、準、煮大根二切れ・煮汁
煮大根二切れと煮汁を運んでくる。煮汁は御飯にかけて食べる。
十二、御飯済み次第お茶を出す
十三、閉会
上の一老の挨拶

親子取りの膳
子の実の父親が禱番をする。費用は親と子が負担をする

「膳」

膳分十九名（寄老会十二名、地下役員二名、親五名）

平＝大根丸切り二切、鰹節二切、焼豆腐二切。

鱠＝大根鱠、タコ五切、生姜。

味噌汁＝豆腐、葱。

向付け＝たくあん二切れ。

二の膳＝大根丸切り。

清酒四本、飯。

大根丸切り
大根の皮をむき、長さ十センチぐらいに丸切りにする。大根は直径七～八センチ、一人四切れ、計七十六切れ。煮ている時にこわれるので、九十切れぐらい準備する。大根を切って湯がいた大根は、醤

4～5時間とろ火で炊いた大根

油、砂糖、コショウで味付けをし、四、五時間トロ火で炊く。

鱠

丸切り大根の残りを平に削る。生姜も平に切ること。

鰹節

二切れ厚く切ること。

向付

大根漬け

大根丸切り味付けした汁は捨てずに土瓶のような赤と黒の容器に入れて残しておくこと。この汁は「二の膳」の時に再び丸切り大根味付けしたものを膳に付ける。この時は一老様より指示がある。

①大根丸切り二切れを盛り付ける。

②御飯

③小皿に鱠、タコ五切れ、生姜、大根鱠を山盛りに付けること。

④味噌汁（とうふ、ねぎ）

上記（右記）は絶対にそば膳にしないこと。

親子取りの儀式を挙げた男子は、イリヤイケンのある家として代々伝わる。将来結婚をし、松尾地内に分家して一家を構えた場合、その家はイリヤイケンのある家として認められる。またイリヤイケンのある家の跡取り娘が婿養子を他家から迎えた場合、その婿養子が二十五歳以下の場合、子になって親子取りの儀式を挙げる。二十六歳以上の場合、公会の承認を得て、合格米（米一俵）を納入すれば加入できる。

「親子取りの座席」

正面

○ 区長代理　○ 一老　○ 一老　○ 区長

寄老会 ○ ○ ○ ○ ○

↓ ● 子 ← ○ 寄老会

↑ ● 親 ← ○

○ ○ ○ ○ ○ 寄老会

⑩ ⑨ ⑧ ⑦ 子

《一》この場で親子の

《二》杯を交わす

《三》寄老会が酌をする

《四》

《五》

親

⑥ ⑤ ④ ③ ② ① 子

「服装」

寄老会＝羽織、袴　区長＝背広　親＝式服（黒のスーツ）　子＝学生服

子は寄老会と親に酌をしてまわる

・他の町の親子取り

岩倉町では昭和十五、六（一九四〇～四一）年頃まで、旧正月五日の禱の日に、十五歳の男子は「親取り子取り」の儀式を挙げた。親子取りの儀式を終えた男子は、コマエ（公民）として認められ、赤褌を締めた。小学生の女子も「カネツケ子」といって、擬制的親子関係を結んだ。女子の場合、人数制限はない。親の家で擬制的親子関係を結んだ男子とカネツケ子は、兄弟の契りを結んだ。

白木町では戦前まで若衆頭を終えて親となり、若衆最年少二人が子となった。子は親の家に酒と重箱に料理を詰めて、親子にしてくれるよう頼みに行った。

・親子の付き合い

白木町では擬制的親子関係が結ばれると、正月、盆に子は親の家で馳走になった。子は親の家の冠婚葬祭の折に、積極的に手伝った。「箸が三膳動いたら、子にいわないかん」といった。つまり客が三人以上訪れたら、子に手伝ってもらうために連絡をしたという。親子取りで貰った子はインキョ（分家）と同格に扱った。親が死亡した時、子はヤシキトリ（墓穴掘り）をする義務がある。地下の組織がなくなった町も、親子の契りを結んだ人は、ヤシキトリを行っている。もし子が親より先に死亡した場合は、子の実の親や兄弟がヤシキトリを行う。

地下は地縁大集団であるが、地下中が擬制的親子関係で結ばれている非血縁大集団でもある。

イニシェーション（加入）儀礼として、親子取りの他、後述する盆祭礼や富士講、河内町では山の神で、新加入の若者は苛酷な体験や禱番をして、地下の構成員として認められる。

c　年齢別の集団

・若者組

松尾町の若者組の期間は十六歳から五十五歳ぐらいまでで、主に盆祭礼の準備や楽供打、使い走りなど行っている。若者の最年長者は一年間若者頭としての責任をもつ。特に盆祭礼では、全責任者としての義務が課せられる。任期は八月一日から翌年七月末までで、任期を終えて「中老入り」する。

河内町の若衆（河内町では若者のことを若衆と呼んでいる）の期間は、十六歳から三十五歳ぐらいまでで、主に盆祭礼の準備や進行を行う。若衆の最年長者は、一年間、若衆頭としての責任をもつ。特に盆祭礼では全責任者としての義務を果たさなければならない。任期は二月三日から翌年二月三日までで、若衆頭二名が退いていく時に、上の若衆頭の自宅（イマレがかかっている時は、下の若衆頭の自宅）に、オチヤク（下役）の若衆を招いて慰労する。これを「スショ」という。各家からスショ米二合集めて、この日の食事にする。若衆頭は次期若衆頭に、祭礼の文書が入った箱を渡して「中老入り」する。

たきびき
年寄入りする中老頭が自宅に年寄り全員を招いて接待をする。一老はこの日に引退する（河内）

・中老組

中老組は若者組と年寄組（松尾町は寄老会）の中間の役職で、特に定員も役割もなく、年寄組に加入するまでを「中老」と呼んでいる。松尾町では中老は公会の役職に就かないが、町内会の役職に就いている。岩倉町では「中老入り」すると、村方三役に就く。江戸時代、村方三役は庄屋、肝煎り、百姓総代、現在は町内会長、総代、会計のことをいう。中老は葬式の折に旗持ちをした。

松尾町では中老頭は夏経や山の神の折に禱番をして「寄老会入り」する。河内町では一月下旬に「たきびき」といって、自宅に年寄り全員を招いて接待し、「年寄り入り」する。

岩倉町では中老頭が「年寄り入り」することを「権現へ上がる」といった。それは中老頭が年寄り入りする時に、九鬼惣領権現（氏神・九鬼神社）で、年寄り全員に馳走を振舞ったからという。

・　年寄組

年寄り（寄老会）は地下の最高位であるが、これにも順序があって、一老（二名）から十二老（河内町は十老）まで定めている。年寄りの年少者は下役として雑用が課せられる。祭礼の折の座席順は厳しく、一老は上座で、順次、下座に着く。大正の頃、白木町の座席順は、上座に年寄り、中座に中老、下座に若衆が着いた。上中下の各座も年齢順に座った。行事の役割や座席順は年齢に基づくもので、上の階梯の座席に一歩でも踏み入れたら、厳しく叱責された。河内町ではたきびきの時に、年寄りが重箱に詰める鯛は、一老は頭で、順次下の方を詰め、十老は尾を詰めて帰る。松尾町の寄老会の仕事は祭礼祝典、地蔵堂の管理、葬式など、神仏の堂の管理や旧来からある慣例の行事を挙行する。

年寄り（寄老会）は「念仏衆」とも呼ばれている。地下の神事や仏事には必ず参列する。松尾町の寄老会は仏事（葬式、四十九日、盆祭礼、地蔵盆）の折に、「松尾町寄老会念仏」を唱える。

松尾町の寄老会の任期は一月一日から十二月二十五日までで、十二月二十五日の「ひきあい」、河内町は一月下旬の「たきびき」で、一老二名は次期一老に地下（公会）の文書や金銭など引き渡して引退する。引退すると地下に対して発言権がなくなり、半人前として扱われる。例えばユイ（共同作業）の時、一人前（若者から一老まで）の人が、一日働くところを半人前の人は二日働かなくてはならない。白木町では引退した人を「元老」といって尊敬した。

船津町では地下の組織はなくなったが、年寄組だけは現在も行事の折に、世話役として参列している。

このように地下は若者組、中老組、年寄組と、年齢階梯制の社会を築いている。構成員は年齢に応じて加入と脱退の儀式を繰り返し、最終的に一老となり、地下の最高権力者となる。

d　地下の組織がなくなった町

地下の組織がなくなった町では、農業協同組合をつくって地下山の管理をしている。船津町は大正十（一九二一）年に船津町農業協同組合をつくった。組合長は町内会長が兼務している。岩倉町は昭和五十一（一九七六）年からイリアイケンのある家が岩倉町農業協同組合をつくり、地下山の管理をしている。役員は組合長一名、幹事一名、理事五名が二年ごとに改選される。二月から三月頃に植林下払い、八月十六日の仮道下草払いには、組合員は一軒に一人必ず出合い（共同作業）をしなければならない。白木町も町内会が地下山の管理をしている。出合いの折は、各家男性一人出なくてはならない。不参加の場合は、罰金を払う。女性が出た場合は、罰金を半額払う。

このように地下の組織がなくなった町では、地下山の管理や共同作業、地下の行事などを、町内会が継続している。

戦後の地縁集団

（三）町内会

他地からの移住者は、地下の構成員として認められないまま生活してきたため、不都合が生じた。そこで松尾町では戦後、河内町では昭和五十八（一九八三）年に、全町民が加入できる町内会を、地下と分離して発足した。

移住者は、河内町では区長に届ければ町民として認められる。松尾町では四月八日に、加茂神社において入会式が行われる。入会式を行わない人の途中入会は認められない。

町内会の役員は会長（区長）一名、副会長（区長代理）一名、会計一名、役員（組長）九名を二年ごとに改選する。

町内会の経費は松尾町の場合、県道や地蔵堂の収入で賄っている。船津町は町内会の世話役として総代五名を四年ごとに選出している。神社関係の役員は、神道組合長一名、寺関係は檀信徒総代組合長一名が中心となって行う。世話役（年寄十人）、町内会長、農業協同組合長（地下の役員、町内会長が兼任）が行事の全責任者である顧問総代として参列する。

町内会は育成会、青年団、消防団、婦人会、老人クラブがあり、それぞれ会長（団長）、副会長（副団長）、会計、班長などの役員が定められている。内、育成会は小学一年生から六年生までの児童が加入しており、祭りには神輿を担ぐ。青年団は十八歳から結婚までの青年が加入している。月に一回墓地の掃除や六月末の春の農上がりに、公民館において演芸を催している。時には青峰山に籠ることもある。消防団は妻帯者が任意で鳥羽消防団の分団として活動している。婦人会は主婦が加入しており、鼠や蚊の駆除や祭りの手伝いを行う。老人クラブは六十五歳以上の男女が加入している。毎月二十一日（九月は除く）は、老人クラブの家において例会が行なわれる。六月六日は、青峰山の麓の道を刈る「道下刈り」を行い、十一月は青峰山に登って、会員やその家族の無事を祈念する。白木町の老人会は毎月の例会の他、時には旅行に行くこともある。各団体は会費と町内会の補助で維持している。老人会には鳥羽市より補助金、消防団には年俸が出ている。

社寺の世話役は、氏子総代（岩倉町＝祭典委員、船津町＝神道組合）と檀家総代が行う。松尾町の氏子総代五名は三年任期で、加茂神社の行事の世話をする。檀家総代五名は四年任期で、住職の法衣料や寺の薪代、修理費、祠堂金などの徴収や寺の行事の世話をする。

戦後一つの町の中に、江戸時代からの地下（公会）と戦後発足した町内会の組織が地縁大集団として併存している。河内町は地下の取り決めをする時、次の三席が集まって相談をする。

盆行事＝町内会、青年団、農協。
盆踊り＝町内会、青年団、婦人会。

掃除＝町内会、青年団、婦人会。

山の神＝農協、若衆、年寄り。

各組織は協力し合って、地下の財政、文化活動、祭りなど行っている。

以上のように地下内には血縁集団、旧家の集団、地縁大小・新旧の集団、年齢別の集団などある。各集団共、同じ条件の者同士、共通の神仏を祀ることによって結ばれている。継続不可能となった集団は、他姓や地域住民が加入することによって継続してきた。

第二章◉地下の霊的世界

地下は整然とした年齢階梯制の社会を築いているが、地下の霊的世界は曖昧なままである。そこで葬式、死者の山、墓、盆、法事などの死者供養から、霊的世界や死者供養の意義を明かしてみたいと思う。

一　霊的世界入りの儀式

死者は生前の恨みや未練があるので、祟りやすいといわれている。そんな死者が地下を横行したら、地下の安全を脅かされることになる。まず死者を穏やかな霊にしなくてはならない。

(一)葬式

死者供養の第一歩は葬式から始まる。葬式が発生すると、組が中心になって手伝う。

a　寺への報告

人が死ぬと、親類の男性が寺に報告に行く。一人で行くと死者に誘われるので、必ず二人で行かなくてはならない。一人で行く場合は、石ころを拾って二人であることを表す。

b　枕経

葬式が二度と発生しないように、死者に羽織らせる着物や布団は逆さにして被せる。死者の側には餓鬼や無縁仏がうようよしているので、死者の胸の上に刃物をのせる。死者の枕元には、線香を一本立て、飯や水を供える。駆けつけた住職の枕経によって、死者は「ホトケ」になるといわれている。

c　湯灌

死者の穢れを落とすために湯灌をする。湯灌は血の濃い老女二人か、男性二人か、男女二人で行う。一人で行うと、死者に誘われるので、必ず二人で行わなくてはならない。その時に死者が往く山・朝熊山（伊勢神宮の奥の院）に納める遺髪を少し切っておく。湯灌の後、死者に白い着物を着せ、「仏」と書いた三角の帽子をつけ、祭壇の前で北枕にして寝させる。これによって死者は穢れた死体でなく、仏の姿となっている。枕元には線香、蝋燭、樒、飯、塩、味噌を置いて供養をする。

d　納棺

死者には手甲と脚絆を着け、頭陀袋に六文銭（現在は六円）、ハンカチ、ちり紙を入れ、永平寺で受けた草履を履かせて納棺する。土葬を行っていた頃、白木町では出入りの大工が杉材（松の場合もある）で四角形の座棺を無料で作った。死者が蘇らないようにするために、着物を敷いた上に死者を折り曲げて縄で縛って納棺した。火葬になってからは寝棺になった。

ｅ　通夜

祭壇には山盛りの飯に竹と木で作ったちぐはぐな箸をさし、横に味噌と塩を小皿にのせて供える。死者が生き返った時に食べられるように、棺桶の四隅に団子を置く。遺族、親類は死者が寂しくないように、一晩中、守りをする。梅花講員はツヤ（通夜）念仏をあげに行く。住職が拝みに行く場合もある。

ｆ　火葬

翌日、住職、遺族、親類は火葬場に行く。喪主が点火をする。火葬後、遺骨を壺に納めて持ち帰る。

ｇ　葬式

火葬の翌日、葬式が行われる。遺族に代わって親類、組、地下の人々が早朝から準備を行う。まず家の入口に下がっている注連縄を片方だけ外す。庭で未亡人（身内、他人を問わない）が棺桶を作った切れ端で瓦飯を炊く。参列者の衣服は、かつて羽織、袴であったが、現在は喪服を着用する。「仏」と書いた三角帽子は死者、「宝」は喪主、「法」は次男、「僧」はカタモチの孫二人が頭につける。

鉦打ちは夜明けに一番鉦、住職が来る前に二番鉦、出棺前に三番鉦を打つ。河内町では、葬式は午後一時か二時頃に始まる。葬式がはじまる半時間前から、住職の読経がはじまる。葬式が開始され住職の読経の中、順次、焼香をする。続いて梅花講が御詠歌をあげる。出棺は玄関からではなく、座敷から履物を履いたまま出る。

遺族、親類、組員、地下の構成員、知人らは、墓までトモをする。葬列の順は松尾町では、花持ち（親類。椿の木にちり紙で作った花をつける）―菓子（子供）―梅花講―住職―位牌持ち（長男）―遺族の女性―ゼンノツナ（輿につけた綱を孫や曾孫が持つ）ー棺桶（後は後継ぎの孫、前は他の孫）―花籠（婿）――一般の順。道中、梅花講は念仏をあげながら歩く。ツケバン（棺吊り）は白の着物、羽織、袴を着用し、三角の帽子を頭につける。岩倉町では子供と親類は白、孫は赤、曾孫は黄の手拭いを首に下げる。死者が七十歳（他の町は八十歳）以上の場合は、葬列の先頭に花籠を立てる。家の前、四辻、寺の前で、花籠を揺すって金を撒く。岩倉町では花籠を出した場合、棺桶の前に紅白の布を綱にして、年齢の分、例えば死者が八十歳なら八十円、八百円、八千円を紙縒りに結んで綱につけ、道中千切りながら撒いて歩く。また着物の袂から金を出して撒くこともある。その金を拾うと、長寿にあやかれるといわれている。

遺族の家では出棺後、たまの木と藁で作った箒で、二人が掃き出す真似をする。岩倉町では葬列が出た後、親類が盥の中に死者の愛用品を入れて川で洗う。帰りに川の水を汲んで行く。庭に藁を敷き、川の水が入った盥と塩、生臭い物（かつおぶし）を置く。葬式から戻って来た人は、用意してある水や塩で清めてから家に入る。

h　寺での葬式（戦後）

昭和二十八（一九五三）年頃まで葬列は、寺に寄らず、直接、墓に行った。葬式の念仏は、年寄りが中心となってあげた。

現在は寺に寄り、境内を左に三周する。その間に死者が高齢の場合、花籠を出す。本堂に上がり、中央に棺桶を置く。住職の読経の後、梅花講が御詠歌をあげる。会葬者は順に焼香をする。住職の経と年寄りの念仏（「精霊念仏」）と梅花講の御詠歌によって、死者の魂は慰められ、あの世に旅立って往く。喪主の挨拶の後、住職、遺族、親類は墓に向かう。地下の人々は寺で見送る。

葬式後、年寄りが祭壇を片付ける。船津町では一老、二老が祭壇を片付けた後、「十三仏」という小さい祭壇を設け、天井から十三仏の掛け軸を掛ける。

i　埋葬

ヤシキトリ（墓穴掘り）は、親子取りで死者と擬制的親子関係を結んだ子が行う。親子取りを行わなくなった町では、親類三人がヤシキトリをする。

土葬を行っていた頃は、「野辺の送り」といって墓を左に三周半回わり、喪主から順に土をかけて埋葬した。松尾町では埋葬後、死霊を鎮めるために、木の灯籠を立て、寄老会が作ったシカバナ（四華＝半紙に切り込みを入れる）を置いて封印する。

遺族の女性は、死者が墓地から憑いて来ないように、草履を捨てて帰る。岩倉町では帰り道に足を洗う真似をして穢れを落とす。白木町では明治の頃まで埋め墓（「墓の谷」）と拝み墓の両墓制であったが、現在は単墓制である。

j　精進落とし

墓から帰宅後、死者の魂が憑いているという寝巻を、嫁と娘が引っ張り合って裂き、北向きに干す。家の入口に吊るしてあった注連縄は河原で燃やす。

遺族の家で遺族と親類と組は、組が準備した食事で精進落としをする。旗持ち、鉦打ちは、遺族の家に食事を届ける。住職とヤシキトリは上座に座る。生臭い物を食べると、死者が逃げて行くということで、魚は必ず食べる。身内には「ショウブワケ」といって、形見分けをする。

k　葬式の翌日

葬式の翌朝、そっと墓に行き、鳥が供物を食べたかどうか見に行く。供物が残っていたら、また不幸が起こるので、捨てて来る。ヤシキトリと手伝いの中心だった人に礼をし、住職に食事を届ける。

（二）禁忌とイマレ

a　葬式の禁忌

・葬式や葬列で鉦を鳴らしてはいけない。墓地に上がれば鳴らしてもよい。
・年が明けて最初の死者が女であると、悪い年になるので、男に変装させるために弓矢を持たせる。
・葬式に雨が降ると、死者が生まれた日も雨であった。洗米を棺桶の四隅に供えて拝むと、雨が上がる。
・妊婦は葬式の道具を持ってはいけない。妊婦の夫も葬列の役付けを行ってはいけない。
・河内町の墓の途中の休み地蔵は、お産の時の胞や動物の死骸の捨て場であったので、途中、棺桶に土をつけると、霊が憑くといわれている。

b　イマレ

イマレ（喪中）の期間は、親兄弟は一年、父方の伯（叔）父、伯（叔）母は九十日、母方の伯（叔）父、伯（叔）母は六十日、従兄弟（従姉妹）は七日。この間、神社や祭りなどは、遠慮しなくてはいけない。

㈢　法事

a　四十九日

死者は四十九日までは「迷っている」とか「屋根の上にいる」といわれている。住職は初七日まで、毎朝、墓で経をあげる。岩倉町では地下の組織があった頃は、年寄りが作った七塔婆を、住職が七日ごとに、読経の後、一つずつ折った。

四十九日の前日、住職、親類、葬式を手伝った人を遺族の家に招き、住職の読経の後、食事をする。四十九日の当日、塩気のない餅を四十九個作って、住職に持って行く。親類や葬式を手伝った人の礼として砂糖、茶など配る。遺族、親類、知人、葬式を手伝った人は寺に行き、住職の読経の後、焼香をする。その後、墓で住職の読経の後、戒名を書いた塔婆を墓の横に立てる。昭和五十（一九七五）年頃までは、タマの木を墓の横に立てた。四十九日が終わると、位牌は仏壇に納める。

松尾町の寄老会は盆、葬式、四十九日に「松尾町寄老会念仏」の内、次の「精霊の念仏」を唱える。
一、懺悔文を唱える
二、三帰懺悔戒文を唱える
次に十三仏の名号を唱え奉る
南無大聖不動明王
南無釈迦牟尼仏
南無文殊大菩薩
南無普賢大菩薩
南無地蔵大菩薩
南無弥勒大菩薩
南無薬師如来
南無観音大菩薩
南無勢至大菩薩
南無阿弥陀如来
南無阿閦如来
南無大日如来
南無虚空蔵大菩薩
謹んで香華等を供養し
十三仏の名号を唱へ奉る

功徳は（戒名）何々の為に回向す
自他寃親平等利益
即身成仏

b　法事

初盆（後述）は家族、親類、地下中（大念仏・柱松行事）で供養をする。初盆の後、一、三、七、十三、十七、二十三、二十七、三十三回忌と法事を繰り返す。

c　弔い上げ

三十三回忌の弔い上げには、遺族、親類、地下中が参列し、法要を営む。二メートルほどの杉の自然木を墓の横に立てる。これによってホトケが「過ぎ去って往く」といわれている。中には五十回忌まで行う家もある。かつて法事ごとに自然木の塔婆を立てたが、昭和四十五（一九七〇）年頃から板塔婆になった。

死者は何度も、遺族や親類、地下の人々の供養を受けて、次第に穏やかな霊となり、三十三回忌の弔い上げで、家や地下の先祖や守護神となる。余所者の霊は供養されないため、「餓鬼」となっていつまでも祟っている。死者が先祖になる過程は、地下の年齢階梯制、餓鬼に対する意識は、地下の排他性が反映しているようである。

二　死者の住処

死者の住処は記紀によると、黄泉の国（地下他界）、根の国（地下、または海上他界）、妣の国・常世の国（海上彼方

死者の塔婆
香海院に続く道には、死者の塔婆が立ち並んでいる

の他界)、海神の宮(海中他界)、高天原(天上他界)とある。(1)

平安時代になると仏教の浄土思想と結びついて、山中他界観が広まった。山中に地獄谷や賽の河原などもできた。地方によっては、山頂を天界、山麓を地獄、極楽、山頂から見える海の彼方を観音の補陀落浄土と見ている。

柳田国男は賽の河原のことを「そこは人里はずれというだけでなく、同時にあの世とこの世の境でもあった(2)」という。また「死んで亡者の行くという山々は、その勢力圏こそはやや遠く及んでいるが、いずれも土地ごとに管轄のようなものがあって、間違えてもよその御山へ登ったとはいわない(3)」ともいっている。死者の往く山は遠くではなく、生前住んでいた地域の外れに設定されている。しかし山へ往くのは死者の魂であって、肉体は山中や河原、野辺に捨てられた。京都市東山々麓の鳥辺野や愛宕山の麓のあだし野は、死体の捨て場であった(4)。全国的に戦前までは、肉体を捨てる捨墓と魂を祀る拝み墓の両墓制であったが、火葬になってから単墓制となった。死者の魂は供養を重ねるごとに浄化し、先祖や神になって子孫に恩恵を与えた。そして再び新しい肉体を得て、この世に生まれると信じていた。

(二) 死者の山(山宮)

加茂五郷では「山に行くと、アカ(霊)が憑くので、体が重くなる」といわれている。加茂五郷も死者の住処は、山と思われている。加茂五郷の近くには、「朝熊山」と「青峰山」という二つの霊山がある。朝熊山は伊勢神宮の奥の院、あるいは死者の山、青峰山は海の神として信仰されている。

a 朝熊山《あさまやま》

志摩地方では朝熊山に参ることを「タケマイリ」という。葬式後、血の濃い男性二人が、朝熊山々頂の臨済宗別格本山・金剛證寺の呑海院に、死者の爪や髪の毛、着物を納めに行く。本堂祭壇に、仮塔婆を立てて供養をする。これによって死者は朝熊山に送ったことになる。下山後、厄を払うために散財する。

女性たちは死者の魂が朝熊山に往けるように、巫女を呼んで「ミチアケ案内」[5]をする。一つの盆に白米を山盛りに盛り、樒を立てる。もう一つの盆には、死者が愛用した物、例えば女性なら帯をのせる。巫女は死者に代わり、生前の礼をいうことが多かった。「賽の河原の地蔵さん……」と御詠歌をあげて、最後の打ち止めが朝熊山になっている。親類の男性は朝熊山に死者の魂を連れて行き、女性は里で死者の魂を朝熊山に送る。独身者や子供は、人間社会で一人前になっていないので、賽の河原のヨトギをする。

四十九日か一周忌には、呑海院に続く道に約二～五メートルの本塔婆を立てる。昭和五十九（一九八四）年頃までは、来世でも生活があるということで、本塔婆に死者の遺品を吊り下げた。

朝熊山金剛證寺

遺族や親類は朝熊山に春秋の彼岸、六月二十七日、二十八日のタケサンの日（開山忌、タケ施餓鬼）、盆、四十九日、百カ日、祥月命日、一周忌、三回忌～三十三回忌には必ず参詣する。開山忌で受けた施餓鬼旗は仏壇に立てる。盆の準備を行うナヌカビ（八月七日）には、タケ（朝熊山）の麓まで樒を取りに行く。死者の魂は盆の間、祭壇や仏壇で供養され、再び川や墓、寺から死者の世界に送っている。

タケマイリの参詣順路は河内町の場合、穏殿の岡（現在、河内町の墓地。かつて加茂五郷の盆祭礼が行われた所）→小田（河内町発祥の地。現在は河内町内の組の一つ）→丸山庫蔵寺（真言宗仁和寺御室派。金剛證寺の奥の院）→朝熊山の順に参った。河内町内の聖地を参詣者と死者の魂が共に巡ることによって、死者の魂は徐々に浄化し、朝熊山に辿り着くことになる。

青峰山正福寺の御船祭

本塔婆は五年で取り外される。本塔婆を外すことによって、死者はホトケになって、浄土に往くと信じられている。朝熊山はこの世とあの世の境であり、生者と死者が出会う場である。

b　青峰山《あおみねさん》

磯部町と松尾町の境にある真言宗大覚寺派青峰山（天朗峯山）正福寺は「聖武天皇が天平二年庚午（七三〇）の年、南都東大寺を建立しようと、伊勢神宮に祈請するため朝熊の岳に行幸した時、夢のお告げに巽の方向に天朗峯という所がある。この地は観世音菩薩霊応の勝区であり、ここに伽藍を建て、尊像を安置したなら、きっと願いが叶うであろう」[6]との夢告によって開山した古刹である。本尊の十一面観音は、鯨に乗って出現したといわれている。海上他界観から考えると、山頂から望む海の彼方に、観音の補陀落浄土を連想したようである。鯨に乗って訪れた本尊・十一面観音は、補陀落浄土の観音、あるいは化身ということになる。この縁起によって青峰山は「海の神様」といわれ、海運、漁業従事者らに信仰されている。かつて加茂五郷の庄屋衆は、旧六月三日の虫送りの日に、青峰山に籠った。現在、松尾町の老人クラブは、六月六日に青峰山麓の道下刈りを行い、十一月九日には青峰山に登って、会員やイットウの無事を祈願する。

旧一月十八日の青峰山大祭の日には、厄年の人々や参詣者で大そう賑わう。松尾町では大祭の日に、厄年の人が揃って厄落としに行く。まず氏神の加茂神社で厄払いをした後、青峰山に登り、祈祷の後、宴会をする。下山後、檀那寺の天徳寺でみかんや餅、金を撒いて厄落としをする。また松尾町で昭和三十四（一九五九）年頃まで、盆の十七日に、若者たちが地下中を楽供打して巡った後、青峰山々頂で祭文踊りをした。

青峰山のことを「死者の山」という人はいないが、一般に祭文踊りは死者の魂を慰めるためであり、籠りは祖霊の御霊をもらうためともいわれている（後述・精霊送り）。死者の魂は青峰山にも往くとするなら、一定期間青峰山に留まり、浄化した後、観音の補陀落浄土に赴くと考えられる。

c　富士講

志摩地方は富士講が盛んな地域で、加茂五郷は大正の頃まで富士講があった。河内町では六月中頃の一週間前に地下内の社宮神、山の神、寺の前の河原に雄竹二本を立てて注連縄を張った。富士登山する若衆は「よいよい」といって、川で水垢離をとった。その折に地下からの晒しの褌を着け、首に数珠を掛け、一日一回川に浸かって「懺悔　懺悔　六根清浄　大峯八大金剛童子　富士は両部の大師大将　権現大師」「南無　せきだい　せきだい……」と唱えながら、数珠を擦り、耳を押えて頭から浸かった。これを十二回繰り返して、橋の上の見物人に「オーイ　オーイ」と叫んだ。妻帯者はこの期間、妻と別居し、最終日は寺に籠った。地下の人々は竹を持って行き、若衆に御幣を付けてもらって帰り、家の入口に立てて厄除けにした。子供たちは若衆が作ったイジリ（半紙を三角に折る）を腰に下げてお守りにした。明朝、若衆たちは着物を捲り上げ、股引を出して、草履を履き、菅笠を被って、行李を負いね、楽供打ちしながら地下を巡り、船津の船着き場に行った。若衆は地下の人々が見送る中、「申し送りの歌」を歌いながら舟で吉田港（愛知県豊橋市）まで乗って行った。吉田港から富士山頂まで歩いて行き、浅間神社で神札を受けた。その日は箱根で一泊し、翌朝、吉田港まで歩いて行き、船津まで舟に乗って帰った。船津の船着き場には家族や地下の人々が出迎えた。浅間神社の神札は、親類や餞別を貰った家に配った。富士講を終えた若衆は、一人前に扱われた。

富士講は若衆にとって地下入りのイニシェーション儀礼でもあった。同様に荒霊も若衆と共に長い道程を歩くことによって、穢れた魂が徐々に浄化し、霊的世界入りをすることを表しているとも考えられる。浅間神社で神札を受けることは、富士山の神、あるいは神となった元荒霊を地下に迎え、地下の安全と豊作を願ったと考えられるが、地下の人々にはそのような意識はない。

丸興山庫蔵寺

(二) 地下内の里宮

地下内には朝熊山と青峰山の堂がある。

a 朝熊山の修験道場

船津町の寺田家前に、真言宗山伏修験派弁養院と号する観音堂が、昭和四十七(一九七二)年まであった。この観音堂は朝熊山の修験道場といわれていた。厄の神様、子供の神様として信仰されてきた。毎月十八日の縁日には梅花講が御詠歌をあげた。初午には二十五、四十二歳の男性と十九、三十三歳の女性が厄落としのために参詣した。

b 丸山庫蔵寺末寺

河内町小田の観音堂は、丸山庫蔵寺(朝熊山金剛證寺の奥の院)の末寺で、白花山観音寺と号する。本尊十一面観音は「厄落としのホトケ」として信仰されている。以前、念仏ばあさんは、毎月十八日の縁日に、観音堂で籠った。初午には厄年の人が、自分の年の数の金を撒いて厄払いをする。

c 青峰山末寺

岩倉町の極楽寺入口の観音堂は、青峰山の末寺で、玉頭山観福寺と号する。本尊は千手観音。初午には前厄、後厄の人が厄払いのために参詣する。盆の八月九日は一般の参詣がある。

朝熊山や青峰山の末寺では、本山と同様、厄払いや籠りを行っている。両山は山宮であるのに対して、地下内の末寺は里宮といえる。わざわざ本山に登らなくても、同様の利益がある。

(三) 地下内の死者の山

a 墓

「地下内の死者の山」といえば、墓ということになる。朝熊山や青峰山に登らなくても、生者と死者が出合う場である。

b 寺

仏教は生きている人を救う教えであるが、江戸時代の檀家制度によって寺は、檀家の葬式、法事、彼岸、盆など、死者を供養する場になった。寺は生者と死者が出合う場であり、死者を供養して浄土に送る場でもある。檀那寺を山宮とすると、各家の仏壇は檀那寺の里宮とでもいえる。

註

(1) 赤田光男『祖霊信仰と他界観』人文書院、一九八六年、八頁。
(2) 『新編・柳田国男集・第五巻』筑摩書房、一九七八年、三五五頁。
(3) 前掲書、三五〇頁。
(4) 五来重『続仏教と民俗』角川書店、一九七九年、一六頁。
(5) 巫女は志摩全域に住んでいて、普段は普通の生活をしていた。河内町にも住んでいた。
(6) 海の博物館編『海と人間』一九八六年、二七頁。

三　最初の来訪

盆は死者が来訪するので、地下は非日常の世界となる。初盆は新亡にとって、初めての里帰りである。

(一) 家の初盆供養

a　新亡供養

七日は「ナヌカビ」といって、盆の準備をする。各家では樒を七日までに地下山へ取りに行く。かつて各家の軒に軒灯籠を吊るしたが、現在は初盆の家だけ吊るす。墓と仏壇は掃除の後、樒と線香を供える。新亡は先祖とは別に、精霊棚を設けて祀る。中には新亡と先祖と同じ仏壇で祀る家や精霊棚に位牌を全部出して祀る家もある。内、位牌を全部出して空になった仏壇を「ルスイサン」と呼んでいる。精霊棚の後に十三仏の掛け軸をかける。中央に位牌を置き、瓶に枝豆、ゴマ、ほおづき、初穂を挿す。

白言寺境内の幟旗（8月7日～20日・船津）

船津町の白言寺の境内には、七日から幟旗を立てる。檀家総代が本堂内に精霊棚を設け、三界万霊、戦没者、新亡、先祖、永代供養者の位牌を並べる。地下に縁のある精霊は、幟旗や位牌などに依り憑き来訪する。

午後七時から新亡を迎えるための「新亡の迎え火」が行われる。精霊棚の前に新亡の灯籠を吊るす。梅花講の御詠歌、住職の読経の後、住職が新亡の灯籠の一つ一つに水向けをする。新亡の年齢順に、住職が新亡の俗名をあげると、遺族、親類は焼香をする。遺族、親類は新亡の灯籠に火を灯して持ち帰り、仏壇の横に吊るすことによって、新亡は家に迎えられる。

河内町では七日から十二日まで初盆家族、親類、護持会は寺に参集して、「初盆供養」を行う。船津町では八日から十二日まで、住職は毎晩「夜施餓鬼」をあげる。

b　盆のホンビ　八月十三日〜十五日

盆のホンビに入る十三日から魚を食べない。味噌汁の出汁もかつおの使用を禁止している。十三日を「ヒアエ」といって、かまどや風呂の灰を全部替えた。初盆の家では家の軒に灯籠を吊るす。

十三日の午前中、加茂五郷の五カ寺の住職五名が施餓鬼を行う。本堂の精霊棚に三界万霊、戦没者、新亡、先祖、永代供養の位牌を置き、水、餓鬼飯、洗米、細かく切った茄子を供える。参列者の服装の内、初盆の遺族・親類は自

新亡の迎え火
新亡の切子灯籠の前で供養をする（船津・白言寺）

新亡の精霊棚（松尾）

仏壇の前に供物を、仏の数だけ供える（船津）

由、町内会役員・護持会長は背広、年寄りは背広に輪袈裟を下げる。住職の読経と焼香に続いて、護持会長、町内会長、年寄り、初盆の遺族、親類の順に焼香する。かつて境内に吊るしてあった施餓鬼旗を子供たちが奪い合ったが、現在は全員、施餓鬼旗と茶を受けて帰り、家の精霊棚に供える。新亡は施餓鬼旗に依り憑いて、家に迎えられる。家の軒には軒灯籠を吊るし、精霊が来訪したことを表す。

十三日の昼に精霊が来訪するので、落ち着き団子を作って精霊棚に供える。

精霊の位牌の前に、柿、梨、とうもろこし、芋、ささげなど、季節の果物や野菜を供え、横の礼供膳の上には、器と箸をホトケの数だけ並べる。十三日の昼は素麺、胡瓜、トマト、夜は飯、七色汁（七種類の野菜を入れる）を供える。各家では十四日の朝は飯、人参とあげの煮物、瓜の漬物、昼は素麺、きんぴらごぼう・高野豆腐・南瓜の甘煮、夜は飯、蒟蒻・冬瓜・ささげの煮物を供える。

十三、十四日の夕方に墓参りをする。墓参することによって、墓からも精霊を迎えている。精霊が来訪している十

盆の施餓鬼棚（松尾・天徳寺）

盆の施餓鬼（松尾・天徳寺）

施餓鬼で御詠歌をあげる梅花講（松尾・天徳寺）

三日から十五日の間、住職は全檀家に棚経をあげにいく。初盆の家には梅花講が御詠歌をあげに行く。地下中から初盆の家に「初盆見舞い」といって、供養の品が届けられる。精霊は盆の間、供物、経、御詠歌、線香などで鎮魂される。

c　精霊送り

・八月十五日、十六日

精霊送りをする十五日の朝に再びモリモノダンゴを作って供える。朝は飯、茄子の味噌和え、漬物、昼は素麺、あげの煮物、夜は寿司（巻き寿司、あげ寿司）、夜食はささげの飯、土産としてささげのおにぎり、大根葉の味噌和え、梅干し四個を供える。

寺で午後八時から、梅花講による「初盆供養」がある。

十五日の夜、新亡の切子灯籠を墓に持って行く。他の家も墓に提灯を一つ吊るし、「宵の送り」としている。

盆祭礼の夜、墓前で先祖と過ごす（河内）

白木町では十五日の夕方、「送り施餓鬼」が行われる。地福院に町内会役員、総代、新亡遺族、親類が参集し、供養した後、墓に行き、三界万霊碑を拝む。住職は墓を読経しながら三周半回る。

各家では午前十二時ごろ、精霊を送るために寝床に魚を置き、供物を花莚に包んで川に持って行く。供物を流しに行く時は、知人に会っても話をしてはいけない。昭和四十二（一九六七）年までは河原に樒と線香を立てて拝み、供物を流したが、最近は衛生上の問題から流さず、河原に置いて行く。川に供物を流していた頃は「来年もおいなさい」といって送った。

船津町では供物を流してから、寺の境内で祭文踊りをしたが、現在は送る前に寺で民謡踊りをする。

七日から初盆の家に吊るしてあった軒灯籠は、十五日に外す。これによって精霊は、あの世に戻ったことを表す。十六日の「精進落とし」には、魚と小さい人参を食べる。生臭いものを食べると、「死者が逃げて行く」といわれている。これによって日常の生活に戻る。

・八月二十日

船津町では二十日午後十時に新亡の「送り施餓鬼」がある。初盆の家は親類を呼んで食事をした後、仏壇に吊るしてあった新亡の灯籠を持って寺に行く。新亡の遺族、親類の男性は黒の羽織、女性は黒のスーツ、総代は浴衣に黒の羽織、梅花講は黒のスーツに輪袈裟を下げて寺に参集する。本堂の精霊棚には、新亡の灯籠が吊るされる。住職の読経、焼香に続いて、新亡の死亡時の年齢順に初盆の遺族、親類、総代、梅花講の順に焼香をする。「修証義五章」を唱和の後、梅花講が御詠歌をあげる。初盆の遺族は新亡の灯籠を寺に置いて帰宅する。

七日から寺の境内に立ててあった幟旗は取り外される。

船津町では旧暦で行っていた頃までは、初盆の家は二十日の夜、ヤシキトリ（村の小使い）が作った麦藁の舟に、新亡の灯籠を吊るし、供物を乗せて、寺の「送り施餓鬼」で供養した後、その舟を川へ持って行った。午後十一時頃、引潮になった頃合いを見て、胸まで川に浸かって舟を見送った。新暦で行うようになってからは、潮の満干の関係で出来なくなり、取り止めになった。

他の町も軒灯籠は、二十日の夜に外して墓で燃す。これによって精霊送りをしたことになる。新亡は翌年の盆からは、先祖と同じ仏壇で供養される。

（二）地下の初盆供養（盆祭礼）

地下では新亡のために大念仏・柱松行事が盛大に行われる。

a　大念仏・柱松行事の歴史

大念仏・柱松行事は、天正十（一五八二）年に、九鬼水軍の宗家・九鬼澄隆が叔父・嘉隆のために非業の死を遂げたのを弔うために、天正十九（一五九一）年、河内の穏殿岡に加茂五郷の人々を集めて、供養したことにはじまる。また宝永初（一七〇四）年に、嘉隆の子・守隆がおこりを病み苦しんでいる時に、氏神が現れ、澄隆の亡霊を鎮めるよう告げたので、田城の砦（岩倉町）に九鬼惣領権現を造営した。五十回忌に当たる宝永八（一七一一）年には、恒例の大念仏を入念に行ったとある。以後毎年、盆には九鬼家や加茂五郷の墓があった穏殿の岡に、加茂中が集まって大念仏・柱松行事を盛大に行ってきた。ところが年々、若者たちの喧嘩口論が激しくなったため、明治四（一八七一）年以後、加茂五郷の各町で行われるようになった。現在昔の形を継続しているのは、河内町と松尾町だけで、他の町は簡略化や取り止めになった。本稿では河内町の大念仏・柱松行事を取り上げることにする。

寺の境内で若者たちが本念仏を行っている時、住職は戦没者と一新亡ごとに弔文を唱える（松尾）

b　準備　八月七日～十四日

大念仏・柱松行事は、地下の年齢階梯制が表面化する祭りでもある。イリヤイケンのある若衆は、十五歳になると下から順に下役六名（内、かんこ二名）、楽供十名（一番＝頭楽供《指揮をする》、二番押楽供《援助する》、三番、四番＝笛）、鉦十名、鉦まわし二名（鉦の誘導＝妻帯者）、旗切り二名、番人二名（鉦打ち）、若者頭四名（二名補助）、介添え二名（松明造り）、中老（農協役員）が決められ、七日から十三日まで練習を重ねる。十四日の午後七時から観音堂前で「大ならし」といって、若衆たちが楽供打ちの練習をする。地下の人々は、茣蓙に座って菓子を食べながら見学をする。

c　大念仏・柱松行事　八月十五日

若衆全員は早朝より柱松を造る。参加できない場合は、必ず親が代わりに手伝わなくてはならない。柱松が立つ位置は、松尾町、河内町、岩倉町の境にある石の上に立て、綱は南、東、西に三本張る。壺桶に立てる三つの旗の位置は、むかで旗は中央、扇旗は北、うさぎ旗は南に向けて立てる。

午後七時に観音堂前に若衆、地下の役員全員が集合する。楽供打は、黒衿がついた白半纏に黒の腰紐、白ズボン、地下足袋。楽供まわし、鉦まわし、青年会長、若衆頭、中老は、羽織、袴を着用する。

初盆の親類は新亡の切子灯籠を吊るした傘を持って、観音堂前に立つ。この切子灯籠は、七日から一週間、寺で供養される。観音堂内に農協役員が着座し、堂前に若衆が整列する。組合長、青年会長、若衆頭、鉦まわしの順に挨拶をする。続いて若衆頭から供物の紹介がある。若衆は紹介がある度に「アーンス」と返答する。観音堂前で一打した後、高張—楽供まわし—楽供（一から十）—かんこ—鉦—若衆頭—青年会長の順に、かつては楽供や鉦を打ち鳴らしながら墓に向かった。これは餓鬼を地下から墓に、そして柱松の壺桶に追い込んで焼き殺すためといわれている。現在は打ち鳴らさず、行列をつくって歩いて行く。途中、休み地蔵で三回打ち、踊り場へ行く。踊り場で七打揚げ（オドレー　オドレー　ナァーナァー　イリハで一打揚）するが、イリハは行わない。楽供の一から十の内、奇数は押し楽供、楽供まわしは楽供の誘導をし、青年会長は進行をする。

踊り場から打ち鳴らして墓に向かう。途中、鉦が楽供を攻めて来て、しばしば激しい衝突がある。

墓地の入口の六地蔵前で七打揚げする。茶屋のババァ（土地を提供した茶屋の老女が住んでいた）から九鬼家の五輪塔前に行く。五輪塔前では戦没者と新亡一人一人を供養する。新亡を供養する時は、急に電気がついて明るくなる。切子灯籠を中心に、一新亡ごとに一打揚げする。新亡供養が終わると電気が消え、「ネーラッセ」といって若衆は自由に練る。切子灯籠は九鬼家の五輪塔を三周して柱松に向かう途中、若衆たちは何度も衝突をし、若衆頭に青竹で叩かれる。

加茂五郷の大念仏・柱松行事（8月15日、河内・松尾）

地下中で柱松づくり（河内）

青竹を持った怖そうな若衆頭が勢揃い（河内）

観音堂で祭礼開始の挨拶をする農協組合長。堂前に立っているのは頭たち。座っているのは若衆（河内）

墓で楽供打供養（河内）

子捨て地蔵前で新亡の切子灯籠を前に楽供打供養（河内）

いよいよ点火される。火種からタイに火を移して壺桶めがけて投げ入れる（松尾）

「ホタル火」といって、竹の先の藁束に火をつけて、壺桶の下を燃やすことによって餓鬼を焼き殺すといわれている（松尾）

壺桶めがけてタイを投げ入れる（河内）

壺桶が燃えはじめる（松尾）

柱松が燃え上がり、精霊たちはあの世
に帰っていく（河内町提供）

火柱が倒されると、三つの旗は直
ちに取り出される（松尾）

柱松は倒されて燃え上がる
（松尾）

て行く。

柱松前で空回りを一度して、柱松を三周する。楽供打が終わって、ふご役が楽供と鉦を受け取って観音堂まで持って行く。

休憩になり、若衆たちは各家の墓前で、家族と共に食事をする。休憩後、若衆たちは頬被りをして柱松前に集まる。百タイ（松明百個）を、中老から若衆頭に、そして若衆に渡すことになっているが、若衆たちは順を踏まないで横取りをするので大もめになる。地下中の声援の中、壺桶目がけてタイを投げ入れる。もし燃えなかったら竹の先の藁束に火を点けた「ホタル火」で壺桶の下を燃す。ホタル火は餓鬼を焼き殺すためといわれている。壺桶が燃えて垂れ下がってくる三つの旗は、燃えないように旗切りが急いで切り取る。壺桶が燃えあがったところを見計らって、柱松は西の方角に倒す。北に倒れると悪いことが起きるといわれている。

若衆たちは観音堂まで下りて来て一打揚げして終了する。新亡の数によって終了時間は異なるが、だいたい明朝の四時頃になる。

盆祭礼の費用は、戦前まで地下山の収益で賄っていたが、現在は十六日に「大勘定」といって集計し、下役が各家に徴収に行く。

d　精霊送り　八月十六日、十七日

白木町では十六日夕方より、精霊送りが行われる。戦前までは地下中で供養したが、現在は町内会役員、総代が浴衣に黒羽織を着用して、寺に参集する。住職の読経、焼香に続いて、町内会役員、総代が順に焼香する。提灯を持って外に出て、地蔵、古い墓、町境で供養をして精霊送りをする。

松尾町では昭和三十四（一九五九）年まで、十七日に精霊送りを行っていた。地下中を楽供打ちして巡り、青峰山に登って祭文踊りをし、その夜は籠って明朝下山した。

e　盆踊り　八月十三、十七、十八日

河内町では昭和三十（一九五五）年頃まで十七、十八日は、観音堂前に櫓を設けて、夕方から午前一時頃まで太鼓を叩いて祭文踊りを行った。現在は十三、十七、十八日に寺の境内に櫓を設けて民謡踊り、十八日の懸賞踊りには、各自、趣向を凝らした仮装をして賞を争っている。

戦前までは八月十六、十七の両日の夜、加茂小学校に加茂中の人々が集まり、明朝まで「加茂の総合踊り」を盛大に行った。

懸賞踊り
各自、仮装をして賞を競う（船津）

㈢　儀礼分析

加茂五郷の盆祭礼は、九鬼澄隆を鎮魂するためにはじまった行事であるが、新亡供養に重点が置かれている。新亡にとって死後はじめての来訪である。新亡はこの世に未練を残しているため、荒れすさびやすいと思われている。新亡を穏やかな霊にするために、次のような方法で鎮魂鎮送している。

a　鎮魂鎮送

第一に傘、ホロ、板で荒霊を封じ込める。寺の施餓鬼棚は「三界万霊碑」を囲う形で板が張りめぐらされ、新亡の墓もホロで囲っている。観音堂、地蔵堂前、墓地など、生者と死者の境界やタブー視されている場所では、新亡の切子灯籠を吊るした傘を立て、荒霊を誘い込んで封じ込めている。

第二に火で鎮送する。切子灯籠を吊るした傘を持って地下や墓を巡り、新亡を誘い込み、柱松が点火される前に燃やして、その火を藁束から松明に移し、柱松の壺桶に投げ入れる所作をする。柱松の火は「餓鬼を焼き殺すため」といわれているが、新亡の切子灯籠を燃した火であることや本来、火は神や先祖の送迎の手段にしていることを考えると、柱松の火は、餓鬼や横死者、新亡、先祖を鎮送するためと思われる。

第三に荒霊は供養が終わったら、直ちに追い払う。昭和五（一九三〇）年までは、一新亡ごとに切子灯籠を吊るした傘を、新亡の遺族が持ち、道中傘同士が衝突して、墓に着くまでに燃え上ってしまったという。傘同士や若衆が激しくぶつかり合う所作は、新亡の荒々しさを表している。先祖や供養途中の霊は穏やかに送られるが、荒霊は異常な送り方をしている。

第四に新亡に対する愛慕の念が見られる。「ナー　ナー」（南無　南無）、「オドレ　オドレ」（踊れ　踊れ）と唱えて、新亡の魂を和らげ、鉦や楽供のリズムにのせて踊らしている。穏やかになった新亡の魂を「ナー　ナー」「ユカレ　ユカレ」（行きなさい　行きなさい）といって送っている。このように呪具、所作、呪言などによって、新亡を鎮魂鎮送している。新亡は荒霊であるが、遺族や知人にとっては懐かしい存在である。新亡を激しく追い払う反面、優しく見送っているところも見られる。

鎮魂鎮送は大念仏・柱松行事だけでなく、八月一日から一カ月にわたって繰り返している。

b　イニシエーション儀礼

以上のことからも、盆祭礼はただのレクレーションではなく、新亡供養中心の儀礼であるといえる。霊的世界入りしたばかりの新亡は、個性が強く、地下や霊的世界を乱す存在と思われている。同様に地下入りしたばかりの若者も個性が強く、地下を乱しやすい。そこで若者たちは化粧をし、女性の腰紐をつけて非日常の姿となって、新亡の切子灯籠を吊るした傘の前で、新亡の荒々しさを表現する。若者頭たちはルールを守らない若者たちに厳しい試練を与える。これは若者に地下の秩序、新亡に霊的世界の秩序を教育するためと思われる。

イニシエーション儀礼は、盆祭礼後も「若者入り」「中老入り」「年寄り入り」など、年齢に応じて加入と脱退が繰り返され、年寄りの一老は地下の最高位となる。死者も盆祭礼後、供養の繰り返しによって、徐々に昇華し、最終的に「先祖入り」、あるいは「守護神」となる。

四　荒霊《あらみたま》と和霊《にぎみたま》

一年のはじまりである元旦は、年神を迎えて旧年の感謝と新年の豊作と安全を祈念する日でもある。現代人にとって元旦は一月一日であるが、満月をもって月はじめとした古い暦法は、一月十四日から十五日（あるいは十六日）であり、立春をもって年はじめとした名残は、二月三日から四日であった。また柳田国男によると四月八日は「大昔の新年であった[1]」という。さらに一年に二度、正月を迎えた古代の信仰もある。

加茂五郷の行事はほとんど新暦で行っているが、旧暦で行っている行事もある。例えば立春をもって年はじめとした行事として、河内町では二月三日までに年寄りの引退、若衆頭の中老入り、盆祭礼の文書の引き継ぎの他、若衆頭の任期は二月三日から翌年二月三日までとなっており、二月四日から新任の仕事がはじまる。正月を二度迎えていた行事として、松尾町では七月三日と十二月二十五日に一老の引き継ぎが行われる。前期は正月、後期は盆から新任の仕事がはじまる。このように古い暦法の新年に行っている行事もある。

神仏が来訪する時は、荒霊も憑いて来ると思われている。荒霊は疫病、虫害、風害などをもたらすと恐れられている。先述の盆祭礼では荒霊を鎮めるために、傘で封じ込めたり、村境で祭りのシンボルを焼いたり、鉦や楽供を打ち鳴らすなど、強烈な送り方をしている。他方、氏神で行う豊作祈願や収穫感謝祭は、穏やかで厳粛な行事である。荒霊と和霊の祭りを比較することは、死者を荒々しい新亡から穏やかな仏にする意味を明らかにすることでもある。

（一）神仏来訪前の厄払い

農村では稲作開始前の新年（先の正月）と収穫前の盆（後の新年）に、穏やかな神仏や先祖と共に、荒霊も来訪し

石川県奥能登のアマメハギ

秋田県男鹿半島のなまはげ

愛知県奥三河の花祭りの鬼

ている。

a　正月の来訪

吉田兼好の『徒然草』に「晦日の夜（中略）亡き人のくる夜とて、玉まつる（魂祭る）わざは、この比都にはなきを、東のかたは、なほする事にてありしこそ、あわれなりしか[2]」とあるように、正月は魂祭、つまり精霊祭りであったことが伺える。

晦日の来訪神の正体は不明であるが、秋田県男鹿半島のなまはげや石川県能登半島のアマメハギ、愛知県奥三河の花祭りの鬼など、いずれも恐ろしい形相をしている。

・山の神

松尾町では正月一日から三日まで、山の神が山の木を数えるので、山に行くと木と間違えられるとか、五日の夜は、山の神が雪女と一年に一度逢引きをするので、外に出ると恨まれるといわれている。そのため正月の間は、山に行くことや、夜、戸外に出ることを禁じている。

最上孝敬氏は入山していけない日は「山の神が山から田へ出られる日とか田から帰られる日として、山の神送迎の祭りのいとなまれる日であったといえる[3]」と述べている。正月は山の神が来訪するため、家に籠って山の神のミタマをもらおうとする意図があるように思われる。

・おたいさん（一月三日）

おたいさんはかつて各町で行われていたが、現在は河内町だけが継続している。小田、登地区のイマレ（穢れ[4]）のかかっていないオチヤク（下役）五人が午後七時に宿に集まる。小田の場合、小野田家が昔から宿元になっている。小野田家がイマレにかかっている場合は、隣家が宿元になる。宿で酒と煮しめが振舞われる。小田と登地区のオチヤクは、時間を申し合わせて奥村治男氏宅に集まり、酒と煮しめが振舞われる。奥村氏の指導で四幣と五幣を作る。服装は現在、普段着であるが、かつては袴をはいて刀を差した。オチヤク五人の内、年長者が禰宜役で、日の丸がついた扇子を持った。次が太刀持ちといって刀を持ち、下二人がヨコマ（籠）を担ったが、現在、役割は決まっていない。

おたいさん
家の主人は戸を少し開けて、若衆の顔を見ないようにして、コドの重ね（鏡餅）を扇子の上にのせる（河内）

若衆たちは、宿の主人に四幣と五幣の作り方を教えてもらう（河内）

かつて出発する時に、小田の橋で「オーオーオー」と、時の声を上げた。各家の戸口で「あらめでたや、たいとりがまいった」といって、扇子を差し出すと、その家の主人が少し戸を開けて、おたいさんの顔を見ないようにして、コドの重ね（重餅）を扇子にのせた。集めた餅は籠に入れて担った。現在は餅でなく、金の入った袋を渡している。

イマレのかかっている家は、青竹が倒

してあるので訪問しない。かつて一行の前を横切った者は、刀で切っても良いことになっていた。一行は地下を一巡して山の神の祠に行く。山の神では若衆頭が火を焚いて待っている。四幣を河原、五幣を山の神前に立てる。かつて集めた餅は、山の神前で焼いて食べた。

岩倉町も戦前まで、おたいさんを行っていた。正月三日の早朝、イマレのかかっていない若衆のオチヤク四人が白い袴をはいて、竹製の盥を担い、「文化九年任甲三月、月の数は十二カ月、日の日数は三百六拾四日、かの猪、虎、狼、谷間にはう石亀、泥亀、女子供にものゆいするな、是より南のどうろ（泥）の海へおっとり込め、ああおそろしや」といって、イマレのかかっていない家を訪問した。各家では盆や扇子にコドリ（重餅）をのせて渡した。その時ものをいってはいけなかった。集めた餅は、九鬼神社近くの「タイ」という祠前で焼いて食べた。

おたいさんの正体は不明であるが、地下入りしたばかりのオチヤクが、霊的世界入りしたばかりの新亡を演じているように思える。おたいさんが新亡なら、仏事を営む忌日「逮夜」が語源ではないかと思えるが、確かなことはわからない。おたいさんの顔を見てはいけないとか、おたいさんの行列を横切ったら切り捨ててもいいという過激な言い伝えは、山の神同様、物忌みの大事な期間を表しており、集めた餅を山の神の祠前で食べることも、神のミタマをもらったことを表しているとも考えられる。こうして地下中、おたいさんの祝福（「あらめでたや」）を受けて、めでたい新年を迎えるのである。おたいさんは個性が強烈なだけに、恩寵も並み外れていそうである。

・　獅子舞（一月四日）

河内町ではおたいさんの翌朝、獅子がイリヤイケンのある家を訪れる。午後九時に河内神社へ子供会、オチヤク四人、町内会役員が参集し、神主の祓いの後、子供会は三地区に分かれて神輿を担いで回る。神輿が出発した後、羽織・袴を着用した町内会役員が太鼓を担ぎ、獅子舞連の若衆四人の内、一人が天狗の面をつけて、獅子を先導し、中河内、奥河内、丸山、小田、水瀬地区を回る。獅子が訪れると、獅子の口の中に金（五百円〜千円）の入った袋を入

獅子舞
金を獅子の口に入れる村人（河内）

れて、噛んでもらう。獅子に噛まれると、一年間、健康に暮らせるという。かつて獅子が通行人を噛んだり、巻きつくというハプニングが続出した。集めた金は神社と若衆で二分する。この行事の内、獅子舞は地下の行事、神輿は町内会の行事である。

他地方でも荒霊が訪れた翌朝に獅子が村を一巡する行事がある。地下は異次元からの来訪者（おたいさん）で穢れているので、獅子が露払いや悪魔払いをしているようである。地下が清浄になったところで、神輿、つまり氏神が地下を一巡する。これによって地下は、氏神の保護の下、一年がスタートする。

・弓引き神事（一月三日）

新年を迎え、一番の気がかりは、農作物、特に米の収穫の豊凶である。各地で正月に予祝や年占いが行われている。年占いは、弓矢で的を射る行事が多い。

松尾町の加茂神社で、三日に弓引き神事が行われる。弓を引く者は、前年の十一月に親子取りの儀式を挙げた子十人が行う。氏子総代、公会の寄老会一老、薬師堂年寄り一老、婦人会役員らが参集し、神主の祓いの後、弓引き神事が行われる。袴を着用した若者十人の内、四人が弓打ち、六人が肩叩きをする。肩叩きが向かい合って「初二筋　悪魔除け　〇〇〇〇」と述べ、扇子で互いの肩を叩く。弓打ちは「鬼」と書いた的に弓を射る。見事命中すると、その年は肩叩きが述べた通りになる。続いて「次に二筋　神威発揚　天下太平」「次に二筋　五穀成就　氏子安全」「次に二筋　諸願成就　万々歳」と述べて同様に行う。その後、若者たちによって獅子舞が行われる。一人が天狗、九人が

弓引き神事（松尾）

天狗が鈴と扇子を振りながら獅子を誘導し、境内を３周する（松尾）

獅子になる。天狗が鈴と扇子を振りながら獅子を誘導し、境内を三周する。最後に獅子が茣蓙の上に休むと、体を三カ所荒縄で縛り、米俵に見立てる。これによってこの年は豊作になるといわれている。

b　立春の来訪

・初午（二月初め）

一般に二月初めの午の日に、田の神が山から降りて来るといわれている。加茂五郷の各神社では、初午に厄払いが行われる。男二十五、四十二歳、女十九、三十三歳の厄年の人と、還暦の人が厄払いをする。各神社では町内会役員や年寄りが参列の上、神主の祓いの後、直会をする。松尾町では加茂神社で祓いを受けた後、青峰山に行き祈祷を受けて直会をする。下山して天徳寺で、金や餅、蜜柑など撒いて厄落としをする。船津町では昭和五十七（一九八二）年まで、初午祭と祈年祭終了後、年寄りの九、十老が準備した食事（費用は町内会）で、顧問総代、総代、年寄りが直会をした。現在は酒と簡単なつまみで直会をする。

c　大昔の新年（卯月八日）の来訪

四月八日は釈尊の誕生日で、全国の寺院では灌仏会が行われている。この日は「卯月八日」ともいい、山の神が田の神になる日ともいわれている。各地では花を採って来て、稲の霊を迎えた標としている。地方によってはツツジ、シャクナゲ、ウツギなどの花を束にして、長い竹の先につけ、庭に立てる。また山で花見をしたり、先祖供養や新亡

降誕会
子供たちが数珠まわしをして、新亡供養をする（船津・白言寺）

の墓参りをする所もある。さらに四月七日に物忌みをし、八日の朝、晴着を着て山に行き、藤の花房を採って仏壇に供える所もある(5)。先述の如く柳田国男が四月八日は「大昔の新年だった」といっているように、四月八日は盆や正月のように、魂祭りを行う日でもあったようである。

船津町の白言寺では、昨年の四月八日から今年の四月八日までの新亡供養を行っている。この行事に住職は一切関わらず、年寄りが中心になって行う。白言寺に総代、年寄り、遺族、子供が参集して行われる。年寄りの一老が新亡の俗名を読み上げると、一老と遺族は焼香をする。二老の太鼓、三老の鉦に合わせて、子供たちと遺族は数珠まわしをする。

d　後の正月前の厄払い

・　虫送り

田植え後の心配は虫害である。戦前まで田植え後の旧六月三日に虫送りを行っていた。虫害は怨霊の仕業ということで、岩倉町では若衆が鉦、楽供を打ち鳴らし、松明を点けて田を回り、三カ所で止まって打った。九鬼神社（岩倉の氏神）近くの蔵坂では、子供や若衆らが松明を投げて、盆の柱松行事の練習をした。九鬼神社の石段に到着すると、若衆たちは鉦を担って走って登り、再び楽供打ちをして虫送りをした。

松尾町の加茂神社横の薬師堂では、七月十四日に「虫除け」の札を配布する。この札を玄関に張っておくと、虫除けになるといわれている。

・　夏経

田植えが一段落した七月上旬に、各町で夏経が行われる。船津町、岩倉町、河内町、松尾町は七月二日、白木町は三日に行われる。夏経は虫除けと風雨順調、五穀豊穣を祈願する行事である。

町内会長、護持会長、年寄りが檀那寺に参集の上、加茂五郷の住職五人によって営まれる。河内町では年寄りの九、十老は会所において斎の準備をする。献立の内容は割子、刺身、豆腐、胡瓜の酢の物、味噌汁。本堂での供養の後、会所で斎をとる。

松尾町では膳について「公会規定細則・第六章・第十七条」に「寄老会は地下より玄米四斗夏経執行費として支給を受け、一老は寄老会中年番の賄方に命じ、寄老会員、申合会員、申合会事務所（区長）、同副事務長（区長代理）を饗応するものとする」とある。昭和五十七（一九八二）年頃まで青峰山の麓に、夏経のための夏経田があった。夏経田で取れた米の粉で団子を作った。子供たちは桑の葉を持って団子を貫いに行った。「餓鬼」といわれている子供に団子を振舞うことによって、虫害や風害などの災害を除き、五穀豊穣を願ったのかもしれない。

夏経（河内・慶蔵院）

松尾町では夏経を境に、一年の前半が終わり、後半が始まる。夏経は後の正月を迎えるための厄払いの行事とも思われる。

・　初盆

後の正月の大きな行事は、先述の盆祭礼である。

盆祭礼の意味は壺桶に立つ「むかで旗」「うさぎ旗」「扇旗」の三つの旗が象徴しているように思えるが、未だ解明されていない。そこで次のように推測してみた。

百足は強力な毒を持っており、他の虫がその毒にかかると、すぐに死ぬ。そのた

扇旗（河内）

うさぎ旗（河内）

むかで旗（河内）

めむかで紋を戦勝祈願の旗印として、戦陣で掲げる武士が多かった。[6] 柱松の「むかで旗」は、怨霊や餓鬼などの荒霊退散のために立てられていると思われる。

兎は古くは月の精霊として神聖視されていた。[7] 旧暦八月十五日の満月の夜に「うさぎ旗」を立てて、月の精霊に旧年（一年を二分した前半）の収穫の感謝と新年（後半、特に米の収穫）の豊作を祈念しているようである。

扇は神聖な信仰行事に必要な物忌のしるしで、祭具の一種だったといわれている。[8] また団扇は屋内や田畑の悪霊・災害を払うということで、軒先の呪物になっている。[9] それらのことを考えると「扇旗」は収穫を前に、神を招くため、あるいは稲に危害を加える悪霊を払うための祭具と思われる。三つの旗の意味を記した資料がないので明言できないが、悪霊を払い、神や先祖に収穫の感謝と豊作を祈願する神聖な祭具であることに違いない。だからこそ火柱が倒された時に、三つの旗は燃えないように、直に取り出されるのである。

三つの旗の意味からも、大念仏、柱松行事は新亡、横死者、餓鬼などの荒霊を鎮魂鎮送し、田の神や先祖に米の収穫を願う大事な行事であることが窺われる。

（二）和霊に祈願

先述の如く死者は三十三回忌の弔い上げで「過ぎ去って往く」といわれている。しかし三十三回忌後は、「先祖代々之霊」として祀られている。そのことを考えると死者供養は、荒霊を和霊にして「先祖入り」させるためと思われる。「先祖」とは個性をなくした和霊の合祀、つまり和霊の集合体である。地下の構成員らは、地下の和霊に何を期待するのか。

a　前の正月

先述の如く古い暦で一年を二分すると、新年は「前の正月」、盆は「後の正月」ということになる。前の正月は、新しい生命が吹き出る希望に満ちた春である。農家は田植えを控え「今年も豊作でありますように」、あるいは「今年こそは豊作でありますように」と神仏に祈らずにおれない。

・　初詣

全国的に十二月に入ると、神仏を迎える準備をする。松尾町では十二月三十一日から元旦の朝まで、神社に神主、氏子総代が詰めて、参拝者に白酒を振舞う。除夜の鐘が鳴ると、地下の人々は神社に初詣でに行き、家内安全や豊作祈願、個人的な祈願などする。元旦の午前九時から区長と区長代理が参列し、氏神に地下の安全や豊作祈願をする。

・　年頭

松尾町では二日に、寄老会が羽織・袴を着用して、天徳寺に挨拶に行き、年頭の金を納める。寺から紅白の饅頭と半紙のお返しがあり、食事が振舞われる。午後から梅花講が年頭の挨拶に行く。区長、区長代理、役員は各自自由に天徳寺に挨拶に行く。

・　正月斎

かつて加茂五郷では、年に三、四回年寄りが集まって、斎を行っていた。現在は河内町と松尾町だけが継続している。河内町では二月十五日と十月十五日、松尾町では一月十六日（正月斎）、二月十五日（涅槃斎）、九月彼岸中日、十一月十五日（山の神斎）に行っている。

松尾町の「仏斎、正月斎、山之神斎、禱番帳」によると、

膳分十六人前

飯、平油あげ二枚、刻昆布

四季の物二切

味噌汁（豆腐二丁）、向付（大根漬け二切）

御客

　天徳寺和尚　区長　区長代理

　　　一老

右松尾公会規定に依り行う

一、和尚・礼供膳は寺の膳を使用すること。

二、寄老会、御客の膳は寄老会のものを使用すること。

三、時間は十時より行う。
四、地下より補助金（米一斗）を受けること。
五、不足分は禱番の負担とする。

と、献立や座席順など定めている。

柳田国男は斎について「物忌みであり汚れのないことであって、すなわちこの日の晴れの御饌《みけ》が、極度の謹慎をもって調整せられることを示している。いつの頃からとも知れず、僧徒に供与するいわゆる斎飯を、ときの飯ということが始まり、それからまた一つ転じて葬式、法事の日の膳を、おときというのが標準語のようになってきた[10]」と述べている。年に二回、ないし四回の斎は稲作にとって大事な節目でもあった。その節目ごとに「みたまと相対して食物を共にする日であった[11]」。地方によっては斎の十六日は田の神の往来の日としている。松尾町では以前、斎の日に、貧しい家の子供たちを一年に一回呼んで、大根や味噌汁など食べさせた。子供たちは喜んでガツガツ食べたという。貧しい家の子供たちを飢えている餓鬼と同一視し、食事を振舞うことで、虫害、風害などを除き、五穀豊穣を祈願したのかもしれない。

正月斎（松尾・天徳寺）

斎
町内会長、護持会長、年寄りが住職の読経に合わせて、数珠まわしを行う（河内・慶蔵院）

・二十日正月

二十日正月は船津町・八幡神社の祭礼であったが、松尾町・加茂神社に合祀後（明治四十三年）、松尾町の行事として一月二十日に行われている。区長、区長代理、寄老会、氏子総代参列の上、神職によって執り行われる。祭典後、直会をする。膳について「公会規定細則・第五章・第六条」に「八幡神社禱番は旧来より引き続き順番の者三人宛賄うものとして、申合会より玄米二斗の支給を受け、不足分は禱番の負担とし、正午迄に配膳支度をし、山の神同様の接待をするものとする（生大根のない場合は干し大根とす）」とあるように、十二月の山の神と一連の行事である。

・彦瀧大祭

年寄りが管理する彦瀧（河内町）や地蔵堂（松尾町）で、一月二十四日と八月二十四日に大祭が行われる。

河内町の彦瀧大祭は、当日、彦瀧前の会所に、朝から年寄りが詰めて、参拝者に彦瀧大明神の神札を授ける。会所内には彦瀧大明神の掛け軸を掛け、飯となますを供える。一月二十四日は前期決算、八月二十四日は後期決算でもあり、全員で勘定した後、直会をする。

彦瀧（下の神様・河内）

彦瀧の掛け軸（河内）

直会の禱番は、家の並び順に行う。献立は八月の場合、飯、味噌汁、とうがん、冷や奴、胡瓜の酢の物。禱番が食事の準備をし、年寄りのオチヤク二名が接待をする。

・地蔵御会式

松尾町の寄老会十二名は、二十三日の朝、地蔵堂から寺の口まで掃除をし、

地蔵御会式
子授け、安産、子供の成長祈願を行う（松尾）

地蔵道づくりをする。当日、近郷だけでなく、遠く名古屋や岐阜からも、子授け、安産、子供の成長祈願に訪れる。希望によって寄老会の祈祷やお守り、子授け人形を申し込むことができる。子授けを願う人は人形を裸のまま受けて帰り、着物を作って着せ、寝食を共にすると、子供が授かるという。子供を授かった人は、「お礼参り」といって、人形を地蔵堂に納める。梅花講々員は地蔵堂の籠堂で、御詠歌をあげて一晩籠る。

・涅槃斎

河内町では二月十五日に涅槃斎が行われる。年寄りや町内会長、護持会長が、住職の読経に合わせて数珠を回し、総が回ってきたら一礼する。一老が総に一礼をした時、本堂の梁に吊るした鉦を七老が打ち鳴らす。続いて町内会長—護持会長—一老～八老の順に焼香する。九老、十老は会所において斎の準備をする。献立の内容は飯、汁物、さしみ、海老、豆腐、がんもの煮物、ほうれん草のおひたし、果物。本堂でのお勤めが終わって、決められた場所に着座して、斎をとる。

この涅槃斎は寺の行事としては釈尊の供養であるが、立春の斎であることを考えると、田の神迎えとも考えられる。

・春の彼岸

春分の行事として、彼岸と社日がある。「暑さ寒さも彼岸まで」という諺があるように、春の彼岸は寒い冬から解き放され、農耕が開始される時期である。五来重氏は「春の農耕のはじまる時期なので、太陽にその恵みと豊作を祈る行事は、日本人が農耕をはじめて以来あったであろう。そしてそのような太陽崇拝は、春分と念仏が結合したあとまで、民衆の保持する民俗のなかにのこったのである」(12)といっている。彼岸は仏教以前からの太陽崇拝であったが、江戸時代に檀家制度が確立して以来、先祖供養の意味が濃くなってきた。加茂五郷の各寺でも先祖供養が行われており、太陽崇拝の意味合いはない。

・ 春の社日

先述の如く松尾町の各組では、春の社日（三月末）と秋の社日（二百十日前夜頃）に日待ちを行う。春の社日は禱番（輪番制）の家の床の間に、天照大神の掛け軸を掛ける。夜、禱屋に集合し、組行事や組費などの相談や組長の選出をし、零時近くになると、組長に合わせて掛け軸を礼拝し、外に出て加茂神社を遥拝する。

このように日が改まる時間に、天照大神、つまり天照太陽を拝むことは、沈んだ太陽を蘇らせるためと思われる。彼岸と春秋の社日は、農耕が開始される前で、太陽に恵みを祈願していた古い信仰を受け継いでいるようである。

・ 予祝行事・鍬形祭　四月三日

岩倉町の九鬼神社では、四月三日に予祝行事である鍬形祭が行われる。この祭りは鍬形神社の祭りで、合祀後、加茂神社で行っていたが、昭和三十（一九五五）年に分社してから、九鬼神社で再開するようになった。

「鍬形祭次第」

一、神主の挨拶

二、祓いの行事

三、本殿を開ける

供物を供える。神主が祝詞をあげる。総代―役員―新氏子の順に、本殿に榊木を供える。供物を下げてから直会をする。藁と鍬（木製）を総代、役員に配る。

四、一老挨拶
五、神前にて二拝（一老）
六、鍬形祭々文（神前にて唱事三回繰り返す）
七、田打ち初めの唱事（二老）
八、田ごしらえの行事
・田を打つ動作
・畦けずり
・畦ぬり
・馬を呼ぶ「馬が欲しい」。馬「ヒッヒーン」。
・エブリをつくる

鍬形祭
新氏子（新生児）の祓いの儀式（岩倉・九鬼神社）

田ごしらえ（岩倉）

「馬がほしい」というと馬が「ヒッヒーン」といって登場する（岩倉）

・種まき「ドブドブ」

九、苗とり謡（一番から三番まで）

全員謡に合わせて藁で苗とりの真似をする。

十、一休み

十一、田植え謡

全員謡に合わせて田植えの真似をする。

十二、神前にて唱事を三回繰り返す

田植えの終わりに唱ふ

神万方に神まんぼらに

たのめ田の神　田植えてめせ

たのめ田の神

十三、直会をする

鍬形祭には、氏子は仕事を休んで参加した。当日、前年に生まれた子や移住者の氏子入りの儀式も行われる。鍬形祭は地下の人々にとって楽しい一時であるが、稲作開始前の緊張感が伝わってくる祭りでもある。

・　理趣分

農繁期の間、大きな行事はないが、河内町では五月五日に河内神社で氏子入り、二十八日は慶蔵院で理趣分が行われる。理趣分は仏教の行事であるが、田植えの最中に、年寄りが寺に籠ることは、仏や先祖にミタマを貰って、新しい生命（稲穂）の誕生を祈願しているように思える。

b　後の正月

後の正月は米の収穫前の緊張した時期である。虫害や風害、災害などなく、無事に収穫できるよう、神仏の加護を願わずにおれない。

・　天王祭

松尾町では七月十四日に町内会の行事として、子供会の神輿が地下から加茂神社まで賑やかに練り歩く天王祭がある。神主の祈禱の後、カラオケ大会が行われる。

・　盆行事

先祖と供養途中の霊を祀る仏壇も、精霊棚と同様、蝋燭、線香、水、榁、稲穂を供え、食事と茶を三度々々替える。米は収穫前であるが、夏野菜や果物は収穫されている。仏壇や精霊棚に野菜や果物を供えることは、盆は先祖に収穫を感謝する収穫感謝祭でもある。

地下の大念仏・柱松行事は先述の如く新亡供養が中心であるが、若者が「オーデンヤ」（穏やかな田んぼ）と祝言を述べ、火柱が倒れた方角で吉凶を占っていることからも、また盆は米の収穫前の予祝行事の意味合いもある。[13]

・　彦瀧大祭と地蔵御会式

正月二十四日と同様、八月二十四日に河内町では彦瀧大祭、松尾町では地蔵御会式が行われる。地蔵御会式では一月二十四日と同様、子授け、安産、子供の成長祈願を行う。梅花講々員は地蔵堂横の籠り堂で御詠歌をあげ、一晩籠る。夜は地蔵堂前で地蔵踊りがある。昭和七（一九三二）年頃までは、唐笠（傘）を持った音頭取りの「ちょいと受け取る、こりゃまたいかに、私が音頭取るのではないが、今の先生のちょっと息つう、津は伊勢でもつ、尾張名古屋はあの城でもつ……」と伊勢音頭に合わせて、傘の周りを踊った。他の町の人々も訪れ、明朝まで踊った。現在は櫓の周りをレコードに合わせて踊っている。両祭共、年寄りが聖域に籠り、子宝を願う女性には子供、豊作を願う人には稲魂など新しい生命を授けている。

・日待

松尾町の各組では、二百十日の前夜である厄日（八月三十一日）に、春の社日と同様、日待を行っている。禱屋に組員が集まって、太陽に豊作を祈願する。

・秋祭り

勤労感謝祭・七五三参り（松尾・加茂神社）

米の収穫が無事に終わると、神に感謝する秋祭りが行われる。十月十日に船津町の八幡神社では、子供や青年の他、三重県相撲連盟からも訪れて「奉納相撲」が盛大に行われていたが、昭和六十一（一九八六）年から取り止めになった。

十一月二十三日は松尾町の加茂神社で「勤労感謝の日」が行われる。区長、区長代理、寄老会一老、老人クラブ会長、副会長、協議員、青年団々長、副団長参列の上、収穫を祝う新嘗祭と子供の成長を祝う七五三詣がある。祓所で神主の祓いを受けた後、神主の後に続いて境内の外に出る。加茂神社正面で、神主は鳥居に張られた縄を切る。参列者は神主に続いて鳥居を潜り、本殿に着座する。神主の祈祷の後、七五三の子供と参列者は榊を本殿に供える。子供たちは千歳飴を貰って帰る。神主、区長、区長代理は社務所で直会をする。

地下の人々にとって、米の収穫と子供の成長は最高の喜びである。地下中で氏神に感謝しながら、秋の一日を楽しく過ごしている。

・斎

秋の斎は松尾町では九月彼岸中日、十一月十五日、河内町では十月十五日に行われる。松尾町の斎は仏前に新穀を供えて、収穫の感謝をする。

・神送り

大正の頃までは、一年間、地下を守護してきた神を出雲に送る行事があったが、詳細は不明。

・山の神

地下の田畑を一年間、守護してきた田の神は、収穫後、再び山に戻り、山の神となる。山の神送りは、田の神迎えと同様、重要な行事で、現在も河内町や松尾町で行われている。

山の神で禱をたく家の前（河内）

河内町の山の神はイリアイケンのある家の男子が十六歳になると、盆祭礼に参加できる年齢として、自動的に地下入りが認められる。山の神は新加入者が、地下の人々にお披露目をする日でもある。新加入の若衆五名は、十二月一日の山の神に禱を炊いて、はじめて公に加入が認められる。禱を炊く若衆の家の前には、十一月十五日から十二月一日まで、竹二本を縄でつないで御幣を付け、不浄なものが入らないように立てる。イマレがかかっている

山の神
新加入の若衆は、参拝者に接待をし、挨拶をする（河内）

家は、禱を炊くことができず、参列することもできない。当日、早朝五時から若衆頭二名と禱を炊く若衆五名は、羽織・袴で山の神前に参集し、参拝者に酒を注ぎ、紅白の饅頭を渡して接待する。山の神の行事を終えて地下入りしたことを披露するために、戦前までは地下の構成員（年寄りの一老〜若衆の下役）全員に接待をした。現在は農協組合長一名、同役員一名、年寄り一老、中老頭一名の三役に、無事山の神を終えたことを報告して接待をする。

山の神の献立は、飯、味噌汁、蛸と鮪のさしみ、磯魚の煮つけ、野菜の煮物、なます、豆腐、はまち（出世魚といわれている）、菓子、果物。地下入りする若衆の親は、前日から準備をする。

婿養子の場合、例え年配者であっても、必ず山の神に禱を炊いて地下入りし、オチヤク（下役）を課せられる。また何年か、他地に行っていて、帰郷した場合も同様に行う。

松尾町の山の神は、加茂神社に区長、区長代理、寄老会参列の上、神主、氏子総代によって執り行われる。祭典終了後、地下の事務所で「禱の祝典」（直会）が行われる。座席は中央に神主、両脇に区長、区長代理、左右の座席に一老から十二老まで交互に座って、直会をする。こうして田の神を山に送って、一年の行事が終了する。

一年間、地下を守ってきた氏神や田の神（山の神）、祠の神仏の正体は何か、はっきりした答えはない。柳田国男は「神が祖霊の力の融合であったということは、私はほぼ疑っておらぬのであるが……」[14]と述べているように、地下で祀っている神仏は、天照大神や地蔵など神道や仏教や民間信仰の神仏であるが、家の「先祖代々之位牌」のように、神像や仏像に地下中の先祖が融合しているのかもしれない。

一年の行事を見ると、荒霊を払って神仏を迎える行事や荒霊の威力を期待する行事、和霊に祈願と感謝をする行事など行われている。荒霊は供養の浅い新亡や余所者の霊、恨みを残している霊などで、地下に禍をもたらす霊と思われている。元構成員であった新亡は、葬式や初盆で霊的世界入りの儀式を受けた後、一、三……二十七回忌と供養を重ね、三十三回忌の弔い上げで「先祖入り」する。丁度、地下の新加入の若者がイニシェーション儀礼を通過して、若者組、中老組、年寄組と加入と脱退を繰り返し、最終的に年寄りの一老となるのと似ている。いわば霊的世界は地下を反映しているようである。地下は年齢階梯制、その霊的世界は供養階梯制のピラミット形の社会（世界）を形成している。生者も死者も個人（故人）に個性はなく、集団に個性がある。構成員は生前も死後も家や地下を守るために働くのである。

註

（1）『新編・柳田国男集・第五巻』筑摩書房、一九七八年、三五二頁。
（2）『方丈記・徒然草・日本古典文学体系三〇』岩波書店、一九五七年、一〇六頁。
（3）最上孝敬「生産と習俗」（関敬吾編『民俗学』角川書店、一九六三年、一一九頁）。
（4）イマレの期間は親兄弟は一年、父方の伯（叔）父、伯（叔）母は九十日、母方の伯（叔）父、伯（叔）母は六十日、従兄弟（従姉妹）は七日。
（5）和歌森太郎『神ごとの中の日本人』弘文堂、一九七二年、三八頁。
（6）丹羽基二『家紋百話下』河出書房、一九九六年、三五三頁。インデックス編集部『家紋から日本の歴史をさぐる』ごま書房、二〇〇六年、二〇五頁。
（7）前掲書、一〇五頁。
（8）大塚民俗学会『日本民俗辞典』弘文堂、一九七二年、九三頁。
（9）前掲書、六八頁。
（10）『新編・柳田国男集・第五巻』筑摩書房、一九七八年、二六〇頁。

(11) 前掲書、二六一頁。
(12) 五来重『続仏教と民俗』角川書店、一九七九年、一六三頁。
(13) 火柱の倒れる方向は、北は避け、必ず西に倒さなければならない。
(14)『新編・柳田国男集・第五巻』筑摩書房、一九七八年、一九五頁。

付録

「富士参り道中音頭」岩倉町

かるかれかるかれや
お山もよかれ
泊まり泊まりの宿よかれ
伊勢で両宮の大神宮様へ
お山よかれのこりをとる
磯部伊雑宮の大神宮様へ
お山よかれのこりをとる
所三社の産品様へ
お山よかれのこりをとる
明日は吉日舟がでる
さらばさらばのいとまこ(い)

舟津のり出し相島につけ
お城繁昌のこりをとる
風が吹きそえ南の風が
吉田港へそよそよと
ここは吉田の橋の下
お山よかれのこりをとる
吉田通れば二階から招く
しかもかのこの振り袖で
おもを(?)吉田に舟つけをいて
お山よかれのこりをとる
吉田二川〇らつかこえて

あらい番所は舟にのる
ここは浜松五社の宮
五穀成就と伏し拝む
おとに聞こえし前坂は
阪（坂）はなけれど前坂が
ここは高須賀蓮の池
今はれんげの花盛り
爰は見付けの八幡菩薩
お山よかれと伏し拝む
袋井掛川日坂をこえて
○○の中山歌でやる
金谷峠に上りて見れば
富士のお山にくもがない
ここは金谷の宿で壱よ
大井川にも水もない
ここは島田の宿で壱よ
ばんの泊まりは藤坂へ
江尻通れば二階から招く
しかもかの子のよい女朗が
馬子のわるいは黒部でござる
宿のわるいはなをわるい
足がかるいとて（けりやけて？）通る
○のまるこは朝のま○
爰は安倍川水もない

お山よかれのこりをとる
爰はするがの今先現（浅間？）よ
南無や浅間の大菩薩
名所名所はどこどこござる
三保の松原清間寺
爰は中津川水もない
お山よかれのこりをとる
ゆいしょゆいしょと思ふてきたが
もはやかんばら宿で○○
西はくもって雨がふる
東日照でよかれ
爰は富士川水もない
お山よかれのこりをとる
爰は大宮つぼ池なり
お山よかれのこりをとる
爰は林山と（いう？）なり
お山よかれのこりをとる
富士のすそのでひるねをしたら
お山よかったの夢を見た
富士のすそので今咲く花は
ききょうかるかやおみなえし
富士の木立でさえずるとりは
うそやこまどりほととぎす
爰は中後の八幡菩薩

さげたしきをおさめおく
富士のお山へ何と云て上る
南無や浅間大菩薩
富士のお山でちろちろなくは
まいる同者か志（白）さぎか
のぼりのぼりて天上見れば
上の近さや有りがたや
あがりあがりて大日様え
珠ずとけさを納めおく
珠ずとけさとを納めおいて
同行のこらずおとないを
八町申してやくしが岳で
はんをお○やら紫の
くももかすみも皆打ちはらい
拝みま○ぞへ御来光
お山申して砂打ち払ろて
下参心のうれしさや
富士のお山は恋の山
やがてげこして又参る
しまだ金谷の畑小屋の母が
なますもろとてぼぼ出した
爰は吉田の橋の下
お山よかったのこりをとる
かぜがふけふけならいの風が

伊勢の港でそよそよと
伊勢の港へ舟つけおいて
お山よかったのこりをとる
伊勢で両宮の大神宮様の
かげがうれしや山よかった
磯部伊雑宮の大神宮様の
かげがうれしや山よかった
所三社の産品様の
かげがうれしや山よかった
お富士参りに何々もろた
おたよしやくに○をそえて
お富士参りの是おりし世は
内も志らけの米がない
今年世がよで穂に穂が咲いて
まずはさておきみぞ計れ
ここの内は御繁昌がござる
門によたかが巣をかける
ここの屋敷はみよがやふきや
みよがめでたやふき繁昌
志らさぎおどれ
天上八町や八町
足もかるかったお山もよかった
よいよい

第二部

個の社会とその信仰

第一章◉個の社会の諸集団

かつて家は、三世帯同居は珍しくなかった。ところが戦後、ＮＨＫの調査によると、東京の一世帯当たりの人数は、昭和三十二（一九五七）年は四・〇九人、昭和四十一（一九六六）年は二・九七人、昭和六十二（一九八七）年は二・四八人、平成二十四（二〇一二）年は一・九九人となった。(1) 現在、一世帯当たり二人もいない。日本の社会は「集の社会」から「個の社会」、そして「無縁社会」となってしまった。

新聞やテレビでは年間三万二千人の孤独死者、高齢者の所在不明、年間三万人以上の自殺者、(2) 引き取り手のない遺骨、参列者のいない葬式など報道されている。このようなことは、集の社会では希であった。

本部では集から個への社会の変化によって、信仰がどのように変化していったか、個の社会と愛知県下の宗教界の実状を見た後、第三部で脱無縁社会を図っていければと思う。

一　血縁、地縁集団

戦後、愛知県は自動車、陶磁器、繊維産業など、目覚ましい発展を遂げた。高度経済成長期には、全国から就職のため、多くの人々が移住してきた。当時、名古屋市周辺のニュータウンは、働き盛りの人々やその子供たちで活気に満ちていた。しかし現在、当時の若夫婦は高齢となり、子供たちは成長して親元を去って行ったため、老老・独居世帯ばかりとなってしまった。

（一）家

現在の平均的な家庭は、ほとんどが夫婦と子供の単身家庭で、祖父母との同居は希である。例え大家族であっても、家族それぞれ別々の職場に勤めている性か、家族間はバラバラで、個と個が同居している感じである。かつての家は「共同生産の場」であったが、現在の家は「寝食の場」にすぎない。

名古屋市名東区梅森坂の市営住宅梅森荘（日進市に隣接）は、高度経済成長期の昭和四十六（一九七一）年に開設した。当時は若夫婦と子供の世帯が多く、団地内に保育園や小学校、公設市場も設けられた。現在は老老・独居世帯や外国人の世帯が多い。居住者の信仰の現状を知るため、一部の世帯を調査した結果、仏壇のある家は半数近くある。若い世帯は仏壇がなく、家の宗派を知らない人が多い。教団の信者以外は、寺との付き合いが少ない。葬式が発生した時は、改宗した寺院や近くの同宗派の寺院、葬儀社紹介の寺院に依頼している。

宮参り、七五三詣、結婚式などの通過儀礼や初詣、節分などの年中行事の祈願は、地域の社寺ではなく、名古屋市内や他府県の有名社寺に参っている。

（二）地域

梅森荘は現在二十四棟、約千五百世帯が入居している。同住宅の自治会には、原則として全世帯加入しなければいけない。各棟の棟長、副棟長、自治会役員、交通安全部、防犯防災部、保健衛生部、婦人生活部の役員各一名は一年ごと、各階の組長は二カ月ごとあるいは一年ごと（棟によって異なる）に輪番で行う。棟長は棟の責任者として自治会とのつなぎ役、副棟長はその補佐役と会計、組長は各階の世話役、交通安全部は交通整理、防犯防災部は盗難・火災予防活動、保健衛生部は薬や掃除道具の購入や管理、婦人生活部は催しの手伝いを行っている。

自治会は自治会長、副自治会長、書記、会計、交通安全部長、防犯防災部長、保健衛生部長、婦人生活部長、会計監査の役員で運営している。

自治会主催の主な行事として、餅つき大会、盆踊り、作品展などある。居住者の義務として、自治会役員（輪番）や月一回の掃除、ゴミ当番がある。

葬式は数十年前までは住宅内の集会所で、各棟長、副棟長、組長が中心となって、受付、飲食の接待、葬式後の掃除など行った。密葬にして故郷で葬式を行う時は、棟長、副棟長、組長が代表して見送った。最近は斎場での直葬や家族葬が増え、住民には掃除の時に、遺族が簡単な挨拶をするだけになった。

団地内の自治会には、旧共同体と同様の組織や共同作業（掃除）があるが、居住者同士の連帯感は薄い。

註

（1）二〇一三年三月十五日午後七時のＮＨＫニュース。

（2）二〇一二年以後、自殺者数は、年間三万人以下となった。

二　職場

家や地域は共同生産の場でなくなったためか、家族や地域住民に構成員としての意識はない。では職場は共同生産（業務）の場として、多くの従業員が働いているが、従業員たちは構成員同士としての意識を持っているといえるだろうか。

（一）会社の組織

会社の場合、社長を頂点に専務―常務―部長―課長―係長―平社員―新入社員と、縦社会が築かれている。この会社の役職を先述の旧共同体の身分に当てはめると、物故の創業者と代々の従業員は先祖代々之霊、社長は年寄りの一老、重役はその下の年寄り、部長は中老頭、課長はその下の中老、係長は若者頭、平社員は若者、新入社員は若者の下役ということになる。会社の組織も旧共同体と同様の整然とした身分階梯制の社会を形成している。上からの命令は絶対的で、背く者は退職に追い込まれることがある。

日本の会社はこれまで営業会社以外は年功序列で、例え能力がなくても長年勤めていれば、役職に就いて高給となった。しかしこれでは国際的な競争に勝てないということで、平成二十六（二〇一四）年から、ある大企業では年功序列を廃止し、仕事の内容で給料が異なるようになった。他の会社も実施を検討している。

売上げを追求する営業会社では、社員一同、朝の挨拶の後、「社訓」を唱和する。前日の結果発表の後、社長、あるいは支店長の訓示、続いて小グループに分かれて、係長の叱咤激励の後、社員一人一人が今日一日の指針を述べる。こうして社員一同、良い結果を出そうと意気込み、一日がスタートする。営業会社で生き残るためには、同僚の客を奪ってでも結果を出さなくてはならない。社員間はバラバラで、同僚と結束して会社を盛り上げようとする人は少ない。社員は〇〇株式会社の社員というよりは、鈴木さんなら「鈴木商店」、山田さんなら「山田商店」を社内に構えているようなものである。売上のない商店（社員）は、閉店（退職）して立ち退かなくてはならない。しかし転職すれば、もっと条件の良い会社が見つかるかもしれない。現在の職場、特に営業会社の社員は、会社の構成員としての意識が薄く、永遠の職場でないようである。

(二) 職場の祭神

a 社葬

近年、社葬は盛んで、遺族、社員、政治家、取引先の会社の重役らが参列して執り行われる。ある創業者の社葬で、葬儀委員長は「残された私共は一丸となって、社業に精励し、業界の発展のため全力を尽くす覚悟であります」と弔辞を読みあげた。この文によると、社葬は全社員が共に供養することによって、結束を図っていこうとしているようであるが、参列者の面々や粗供養品の内容からも、実際は対外を意識しているようである。

b　顕彰碑

物故社員を祀る顕彰碑（供養塔）は、各地の霊園に建立されている。顕彰碑には創業以来の役員、社員などの名前を過去帳に納め、「現在の○○株式会社の繁栄は、諸先輩方のお陰」と感謝し、未来永劫、供養することを誓っている。日泰寺霊園に建つ大型スーパー・ユニーの顕彰碑には「建立の誌」として「当社は誕生二十年にあたり、ここ覚王山日泰寺の浄域を選び、顕彰碑を建立。創業以来、興隆発展に尽力し、幽明境を異にされ当社有縁の方々の遺徳を偲ぶとともに、今後も当社隆盛のため専心し、物故された方々も合祀して、永くその冥福を祈り、ここ供養の誠を捧げ奉り、社業の発展を祈念するものであります。平成二年十二月吉日」と刻まれている。呉服屋のほていやは、中央に安霊塔、右に社則、左にほてい尊を建立している。その他学校や教団、病院の供養塔も建っている。名古屋電気学園の物故教職員や同生徒を祀る精霊碑前では、春秋に慰霊祭を行っている。(1)

また神社を祀っている会社の内、トヨタ自動車は熱田大神、金山彦神、金山比売神の三神を祀った「豊興神社」、キムラ漬物は漬物の神といわれる

大手スーパー・ユニーの顕彰碑

呉服屋ほていやの顕彰碑

萱津神社の分霊を祀った「萱津社」、その他商売繁盛の「稲荷神社」を祀っている会社を多く見かける。会社の顕彰碑や神社は、旧村落共同体の氏神に当たるが、社員に氏子という意識はなく、退職すれば縁が切れる。現在の職場は自分一代限り、あるいは一時的な仕事場であるので、物故の創業者や先輩に対して感謝する気持ちは薄い。今後、職場は年功序列ではなく、能力主義になるかもしれない。しかし能力主義は先輩たちの技術を引き継ぎ、発展させ、後輩を育てるという考えが薄れ、個人の優位だけが追求されるような気がする。

註

（1）電気学園の精霊碑は、大正七（一九一八）年に蓬左覚王山日泰寺に建立したが、名古屋市都市計画のため、昭和六十二（一九八七）年、現在地に移転した。

第二章◉個人共同体の死者供養

「世間が変われればお墓が変わる」「お墓が変われば葬儀が変わる」といわれているように、急激な社会の変化は、墓や葬儀も急激に変化してきた。

一　墓と仏壇

かつて家は「先祖代々之墓」を、家族や親類が共に祀ってきたが、現在は離郷や核家族化、少子化、非婚者の増加などで、墓の継承が困難になってきた。継承者のいない墓は、環境整備の妨げになっており、墓のあり方について検討を迫られている。

(一)　霊園

離郷者は家族の死を切っかけに、転居先に墓の購入や改葬を考えている人が多い。

墓や葬儀に関心が高まった平成三(一九九一)年、愛知県では「墓地(霊園)の今後のあり方」について七百九十七人にアンケート調査を行った。その結果、墓地のイメージとして、八四%の人が死者を偲ぶ所と答えていた。墓地の環境としては、郊外など自然に恵まれた所がよいが、遠い故郷よりも「居住地の近くに墓を持ちたい」という要望が多かった(1)。

年々改葬件数が増え、厚生労働省の調査によると、全国の改葬件数は平成十六(二〇〇四)年度まで、年七万件前後であったが、平成十七(二〇〇五)年度は九万六千件超に増加している。改葬の形態は「中日新聞」の調査によると、①墓石ごと全部②一族の遺骨はすべて③個人の遺骨だけ④分骨の四つのパターンがあるという(2)。

墓や霊園、納骨堂などは、平成三(一九九一)年から同二十七(二〇一五)年までに、次のように変化している。

a 個性的な墓

平成初年頃は、名古屋市や近郊に次々霊園ができた。いずれも宗旨・宗派、国籍を問わず、墓相学なども参考にしている。交通の便の悪い所は、墓参無料送迎バスを運行している。

郊外の霊園(日進市・瑞泉寺霊園)

墓は家の要でなくなったため、「〇〇家先祖代々之墓」と刻む意味がなくなった。墓石には「夢」「憩」「静」「旅」「想」「心」「ありがとう」「感謝」などと刻んだ墓が増えている。また家紋を入れずに、好みの花や風景、遺影などを入れている。さらに音楽家はピアノ形、登山家は登山靴形、愛猫家は数匹の猫(石像)に囲まれ、酒を好んだ人は酒のビン形の花筒など、故人の生きてきた証としての墓が建てられている。かつて死者は没個性となって先祖入りしたが、現在の死者は個性を残したまま祀られている。

b 合祀墓

かつて余所者との合祀はなかったが、現在は拘らなくなった。例えば夫の家と妻の実家の両家の合祀や両家の墓を並べる両家墓、友達同士や寺院の交流会の会員同士や無縁者同士の合祀墓などがある。合祀墓は低料金で、永代供養され、無縁仏になる心配がない。

c　樹木葬

樹木葬は木の下に遺骨を埋める葬法のことで、平成十一（一九九九）年、岩手県一関市の臨済宗祥雲寺がはじまりで、以後、全国的に広まった(3)。中には樹木葬の購入者同士、「墓友達」となって、永遠の交流を誓っている人もいる。名古屋市に隣接する長久手市は、人口増加で墓地の需要が増加したため、同市は卯塚緑地公園内の「卯塚霊園」の拡張工事を始めた。同市は平成二十五（二〇一三）年から、地元の自治会や有識者らと墓のあり方を協議した。霊園周辺の住宅では核家族化で、子孫の継承が難しくなっているため、遺族に代わって公の機関が管理することを目指している。墓は樹木葬で、故人の遺骨は埋葬するが、名前は明記しない。現在、公設の樹木墓地は、東京都小平市と横浜市の二カ所だけであるが、いずれ全国に広まることと予測される(4)。

d　県外の墓

墓の後継者のいない人は、墓を転居先に改葬しても、無縁墓になる恐れがある。それならば自然に恵まれた所で眠りたいということから、縁も所縁もない長野県の森の中や沖縄県の海が見える所を、永遠の安らぎの場としている人もいる。沖縄県霊廟は、沖縄県内（三ヵ所）の海が一望できる丘にある。平成二十五（二〇一三）年から、県外の永代供養の受け入れを開始した。まず「一年間供養の間」で供養された後、合祀され、永遠に合同法要が営まれる。納骨された人の名前を「久遠の礎」に刻み、生きた証を永遠に残そうとする。遠方で墓参できない遺族のためには、久遠の礎や法要の様子などを写して郵送する(5)。

c　レンタル墓

墓の継承者がいなくても、暫くは墓で祀って欲しいと願う人のために、レンタル墓を平成二十四（二〇一二）年頃からはじめている寺院がある。利用年数は十年から二十年。

（二）室内墓

都市では墓地不足ということもあって、昭和末期頃から室内墓や納骨堂が増えてきた。「墓が遠方にある」「墓の継承者がいない」「子供や親類に迷惑をかけたくない」「分骨をしてもらった」「天候を気にしないで参りたい」「永代供養をしてほしい」などの声を聞いて、次々寺院に室内墓や納骨堂を設けている。

a　堂内墓

日泰寺霊堂内

交通の便の良い霊堂として、名古屋市内では日泰寺が昭和五十九（一九八四）年に、四階建ての近代的な粋を集めた日泰寺霊堂を建立した。約四千五百基の内、平成二（一九九〇）年に残っているのは約百六十基。平成四（一九九二）年には完売した。好評な理由は①交通の便がいい（地下鉄沿線）②長年にわたって、春秋の彼岸と盆に霊堂内で大法要を行う③無縁仏になる心配がない④管理の行き届いた堂内は常に清潔に保たれ、明るい雰囲気⑤花、蝋燭などの後始末は同寺が行う⑥宗旨・宗派を問わない⑦霊堂内に売店（花、線香）や便所、休憩所、外に駐車場など完備⑧石碑の下に納骨できる（ロッカー式でない）などの利点がある。申し込み者は八〇％が名古屋市内在住の新屋で、購入者の半数が生前に墓を購入する寿陵である。[6]

b　堂内陵墓

これまでの堂内墓地や納骨堂でない堂内陵墓として、平成二十（二〇〇八）年、名古屋市千種区掘割町の真言宗豊山派方等院の境内に、五階建の方等院覚王山陵苑が完成した。同施設内には本尊を安置している本堂、葬儀・法要のできる副本堂、休憩室、控室、エレベーターがあり、全館簡単に移動ができ、バリアフリーとなっている。特徴は①墓、葬儀、法要など死者供養の一切ができる②日常の供養をしてもらえる③墓の継承者がいなくても、永代供養をしてもらえる④花や線香を持参しなくてもよい⑤掃除や草取りの煩わしさがない⑥交通の便がよい⑦価格が適当⑧ロッカー式でも合同墓でもなく、個人の墓として利用できる⑨戒名の無償授与⑩無縁になっても合祀墓に埋葬してもらえる⑪世界中どこからでも墓参できる（インターネットを通じ、パソコンで墓参できる）⑫ＩＣカード（参拝カード）の自動発行機で、友人も墓参できる。ＩＣカードをかざすと、墓の扉が開き、水、花、香も出て来る⑬あらゆる宗旨・宗派の僧侶、神職、牧師が対応する⑭遺骨は何体でも引き受ける⑮宗旨・宗派、国籍不問⑯斎場ホールから見送りなど、現代の墓に対する心労や不安を一掃した。(7)

霊堂の運営は、寺院だけでは販売や管理のノウハウがわからず、業者だけでは倒産の恐れがある。もし業者が経営不振になった時は、他の業者に依頼することができる。また布施や寄付の金額は、寺院に聞きにくいが、業者なら気軽に聞けるなどの利点がある。

c　格式高い納骨堂

織田家の菩提寺である万松寺（名古屋市中区大須）では、平成二十（二〇〇八）年四月に納骨堂を完成した。五タイプあって、Ａタイプは二段になっている。上段は本尊・釈迦如来像、位牌、仏具（灯籠、常花、蝋燭、線香、りん）を置く。仏具は電気や電池式になっていて、火事の心配がない。下段は納骨するようになっている。供養は毎年八月二十四日・施食合同会と春秋の彼岸、盆の四回行う。(8)

尾張藩と縁の深い高野山真言宗・別格本山興正寺（名古屋市昭和区八事本町）では、平成二十（二〇〇八）年八月に、

水晶殿
LEDのクールな光のイルミネーションが墓参者を迎える
（万松寺パンフレットより）

万松寺の納骨堂（万松寺資料より）

万松寺・納骨壇Aタイプ
（万松寺資料より）

葬儀、法要、催事など行える普照殿を完成した。同施設の霊龕堂は宗旨・宗派問わない永代供養墓で、二百九十台の納骨位牌壇が並んでいる。より格式の高い永代供養を望む人のためには、尾張二代藩主光友の位牌が安置されている特別室が用意されている。同霊堂は交通の便が良く、天候に左右されず、永代供養される。[9]

両納骨堂とも、三十三回忌後は合祀する。

d　涅槃納骨堂

長久手市の単立大雄院・大雄山道了尊名古屋別院は、東海地方初の涅槃納骨堂を平成二十（二〇〇八）年に建立した。宗旨・宗派不問、維持費・管理費もかからず納骨料も良心的に設定されている。契約者は死後、涅槃像下の納骨堂で、三十三回忌まで供養される。以後、六地蔵墓に合祀・供養される。夫婦で契約した場合は、後に亡くなった人の三十三回忌後合祀となる。[10]

e　光輝く納骨堂

前記、万松寺では、平成二十一（二〇〇九）年二月に、納骨堂・水晶殿を開設した。壁面に納骨箱のケース二千個が並び、表面は水晶で装飾されている。納骨箱には、好みの土（全国各地から土が集められている）を敷き詰めて納骨する。堂内は発光ダイオードの青色に輝いている。入殿時に契約者専用のＩＣカードをかざすと、美しいＬＥＤのイルミネーションが墓参者を導くようになっている。安全性もＩＣカードのセキュリティで、十分配慮されている。三十三回忌まで、毎朝夕の勤行と年四回（正月、盆、春秋の彼岸）、水晶殿総供養を実施する。年忌明け後は、平和公園内の万松寺供養塔で引き続き永代供養をする。[11]

都市では霊園のための土地や家に仏壇を置くスペースがないため、納骨堂が墓、納骨堂、仏壇の三つを兼ね備えている。多忙な人のために、寺院が家族に代わって供養をする。

（三）　墓を建てない供養

これまで死者の遺骨は、墓に納めるのが当たり前であった。ところが近年、墓は環境破壊や墓地不足、継承者がいないなどで、墓を建てない供養も行われている。

a　カロートペンダント

遺骨はパウダー（粉骨）状にして、ペンダントや指輪、ブレスレット、念珠などに加工する。また遺骨とガラスの原料を混ぜて砂時計やブックスタンド、プレート、クリスタルポット（収納）などに加工して、リビングや仏壇、机に置く。これらは墓参の必要がなく、日々故人を感じて供養できる。

b　仮想の墓

仮想の墓をインターネット上に建てる「ネットお墓参り」も行われている。画面の中央に墓石、左に花や杓、線香など表示してある。線香をクイックして墓まで持って行くと、煙が上がるようになっている。(12)

(四) 最近の仏壇

仏壇は一時期、住宅事情で無用の長物となったが、最近仏壇が見直されている。仏壇の形は従来の形の他、現代の生活にマッチした家具調仏壇や現代仏壇が目を引いている。家の宗旨・宗派関係なく、収納家具の中に入る仏壇や竹製の仏壇、厨子タイプの仏壇、イタリア製の仏壇、電話台の上の空きスペースに入れる仏壇、キッチンカウンターの上の空間に取り付ける白っぽい仏壇、掛け軸の扉の中の仏壇など、インテリアに合わせた形と色、素材を選ぶようになっている。仏具も現代的な図柄の輪島塗の位牌、宝石のようなヴェネツィアンガラスの骨壷、同五具足などある。(13)新しい仏壇は場所を取らず、リビングや台所に置いても違和感がない。身近な所に置いて、亡き家族に「おはよう」「ただいま」と話しかけられる。かつて仏壇は座敷や仏間など、一番良い部屋に置いてあったが、現在は家族の生活の場に置き、日々、故人と語りあっている。

現在の墓や仏壇は、家の要でなく、個人と故人を結ぶものとして見直されている。

(五) 供養の対象の変化

a　水子供養

かつて水子は家の墓の横や地域の子捨て地蔵内に埋葬した。現在は家の墓の横に小さい地蔵を建てて供養する他、水子供養専門の寺院で供養している。岡崎市鴨田町地蔵ケ入りの高野山真言宗弘正寺では、境内狭しとばかりに水子地蔵がぎっしり並んでおり、地蔵の横には親が供えた赤い風車がまわっている。特に春秋の大祭をはじめ毎月二十一日の弘法大師の縁日には、大そう賑わっている。水子が丁寧に供養されるようになった理由は、「水子の祟りが家族に災いをもたらす」という霊媒師の影響もあるが、供養することによって、「災い転じて家族に幸せをもたらす」という考えもあるようである。

いずれにしても水子は、親の身勝手で生まれることができなかった不幸な子供である。水子を手厚く供養するのは、人間として当たり前のことであるが、核家族化となった現在、水子も数少ない家族の一員である。

b　動物供養

かつて動物の死骸は、村の捨て場に葬ったが、現在はペット専用墓地や自宅の庭、人間の墓の横、人間と同じ墓に

水子地蔵が所狭しと立ち並ぶ（岡崎市・弘正寺）

動物供養観音の前は、花や線香の煙が絶えない（長楽寺）

長楽寺霊堂内で、亡き愛犬や愛猫を供養する遺族

埋葬している人もいる。
名古屋市南区呼続町の曹洞宗長楽寺では、江戸時代から動物供養を行っているが、昭和五十六（一九八一）年頃から、獣医や愛犬家の要望によって、動物の火葬や供養が本格的に行われるようになった。供養の対象は犬、猫が中心であるが、兎や小鳥、ワニまで持って来る。年間約四千体。ペットの死後、葬儀、初七日、三十五日、四十九日、百ケ日、一周忌、三周忌、彼岸、盂蘭盆会など、人間並みの供養を行っている。飼い主にとってペットは子供と同様である。他の寺院でも檀家の要望によって、住職がペットの葬式を営み、過去帳に死亡した犬の名前を記載することもある。

c　人形供養

現代人は長年親しんできた人形に対しても、特別な感情をもっている。古くなった人形を供養する人形供養祭は、寺院や葬儀社で行っている。名古屋市中区大須の真言宗智山派別格本山宝生院（大須観音）では、毎年九月中旬に人形供養祭を行っている。年々盛んで、岐阜県、三重県、静岡県からも供養に訪れている。主催者の人形組合長が「人形はいつも私たちと生活を共にしてまいりましたが、今、みほとけの供養によって、安らかに成仏したと思います」と、生きていたかのような挨拶をしていた。核家族化は人形も家族の一員と見られているようである。

大須観音の人形供養

現在の供養は会ったことのない先祖や付き合いのない親類を祀るのではなく、核家族化した同居の家族、水子、ペット、人形など、人間でないものまで、記憶に新しいものを幅広く祀っている。つまり縦の供養から、横の供養に、あるいは集団から個人の供養に変化した。また集の社会の死者は、没個性となって「〇〇家先祖代々之霊」になったが、個の社会の死者は、個性を残したまま存在し続けている。

註

(1)「新三河タイムス」一九九一年三月十日付。
(2)「中日新聞」二〇〇七年八月五日付日刊。
(3)「中日新聞・サンデー版」二〇一二年十月二十一日付日刊。
(4)「中日新聞」二〇一五年三月十五日付日刊。
(5)公益財団法人・沖縄県メモリアル整備協会パンフレット。
(6)日泰寺パンフレット。
(7)方等院パンフレット。
(8)万松寺パンフレット。
(9)興正寺パンフレット。
(10)大雄院パンフレット。
(11)水晶殿パンフレット。
(12)調査の他、「中日新聞」二〇〇八年十一月二十二日付夕刊。
(13)ギャラリーメモリアパンフレット。

二　葬儀の現状

かつて葬儀は、先述の如く地域が中心となって行ってきたが、地域の機能が衰退したため、葬儀専門の葬儀社が登場した。

（一）葬儀の準備

a　互助会

昭和二十年代（一九四五～五四）から昭和五十年代（一九七五～八四）創業の葬儀社は、互助会を併設している所が多い。互助会は古くからあった「頼母子講」という民間相互的な金融組織にヒントを得て考え出された。頼母子講は「講」と呼ばれる発起人と「講中」「衆中」などと呼ばれる数名の仲間で組織されていた。はじめに一定の口数と給付すべき金品が予定され、口数に応じて掛金（品物）をして、抽籤や入れ札などで、順に給付を受け取った[1]。頼母子講は貧しい時代に考え出された生活の知恵とでもいうべきものである。戦後、頼母子講の制度を葬儀にいち早く導入したのが、神奈川県の葬儀社で、次いで愛知県では昭和二十八（一九五三）年に名古屋冠婚葬祭互助会が発足した。続いて昭和三十一（一九五六）年に愛知冠婚葬祭互助会、名古屋丸八互助会、昭和四十一（一九六六）年に冠婚葬祭中部協会、昭和四十二（一九六七）年に出雲殿互助会、昭和五十（一九七五）年に中部日本互助会が発足した。

その間、加入者の増大とともにトラブルが発生したため、政府は昭和三十六（一九六一）年「割賦販売法」（取引の公正や流通秩序をはかるため）を制定した。昭和四十七（一九七二）年に大幅改正を行い、互助会にこの法律を適用した。翌年、通産省の指導で、社団法人「全日本冠婚葬祭互助会」を制定し、互助会同士のつながりが生まれた。

現在三六〇余りの互助会が、通産省の厳しい審査を経て、営業を認められている。わが国の全世帯の内、三分の一弱が加入している。互助会は儀式に関する産業としては、他に類を見ないほどの大勢力になった。互助会のシェアについて厳密な数字はわからないが、官公庁の発表する各種の商業統計や業界、民間の調査会社が調べた数字などを基にして、社団法人全日本冠婚葬祭互助協会・研修委員会が計算した推計によると、互助会の利用は結婚式が二八〜三九％、葬儀が三二〜三五％。地域によって六〇％が互助会のシェアになっている。(2)

一般に互助会の掛金は一口千円から三千円まであり、五年から十年で完納となっている。一口一施行（一口で結婚式か葬式を一回施行）で、葬式の場合は、祭壇、飾り幕、骨壺一式、玄関飾り、祭壇生花、棺桶、香、蝋燭、宮型霊柩車、寝台車（病院から自宅、または斎場までの遺体の搬送）など、葬具一式が含まれている。斎場から火葬場までの往復のバス代、タクシー代、食事代（通夜、出立ち、初七日）、斎場使用料、寺院の支払いなどは互助会費に含まれていないので、別に準備しなければならない。このことをしっかり理解せずに加入している人が多く、トラブルが絶えない。互助会は基本的には、結婚式と葬式の二大役務を提供することになっているが、七五三、成人式、還暦祝いなど人生の通過儀礼すべてに関わりをもつ他、仏壇、仏具、振袖の販売や貸衣装、記念日の撮影、旅行の主催、通信販売まで行っている。また葬儀社によっては、会員証を提示すれば、食事や宿泊先などの割引や遺族の心を癒すグリーフケア（悲嘆 guref）などのサービスも受けられる。

このように互助会は加入者の通過儀礼の儀式を施行する他、生活用品の販売、日常生活の便宜、癒しなども行っている。互助会には専属寺院や協力寺院がある。中には六十数体の遺骨を素材に高さ一メートルのお骨仏（阿弥陀仏）を祀っている互助会もある。

b　会員制

昭和六十（一九八五）年以後創業の葬儀社は、互助会ではなく会員制を取り入れている。入会時に入会金五千円〜

一万円支払うだけで、葬儀費用の一割引き、寝台車、会葬礼状百枚のサービス、斎場使用料無料などの特典がある。また入会時に入会費と同額の品物を渡す葬儀社もある。会員制は葬儀社にとって利益がなく、施行率も低い。そのため会報の発行や正月と盆に挨拶状や粗品を配って、施行につなげている葬儀社もある。

c　保険会社との提携

葬儀費を全額賄える「葬儀費用プラン」が葬儀社と保険会社との提携で行っている。加入者が百万円以上～五億円までの加入金額や払込期間を選ぶことができ、格安の保険料で解約返戻金がある。葬儀保障プラン加入者は、葬儀社の会員としての特典も同時に受けられる。

東京海上火災保険グループ会社出資の「FAN倶楽部」は、平成七（一九九五）年からはじめている。

d　if共済会

平成八（一九九六）年に「もしも」の際の相互扶助システムである経済産業大臣認可全日本葬祭業協同組合連合会「.if共済会」が生まれた。全国の「.if共済会」加盟店で利用できる。入会金一万円を支払うだけで①登録した二親等までが弔慰金サービスを利用できる②葬儀や死後の手続きなどの相談サービスを利用できる③生前契約ができる④保険プランを利用して葬儀費用を事前に準備できるなどの特典がある。(3)

e　団体組合の葬儀

農業協同組合や労働組合などは、組合員とその家族および関係者の福利厚生の一貫として、地域業者との提携で葬儀を格安に提供するため団体単位で葬儀を支えている。

農協の葬儀費用は葬儀社より安いため、施行率が一〇〇％の農協もある。農協では葬儀の他、仏壇、墓、返礼品の販売も行っている。

生活協同組合では平成に入ってから、安心して葬儀が行えることを目指して、葬祭事業を行っている。生協の葬儀は料金が安くて明確であるため、組合員の一割が利用している。

愛知県高齢者生協では、平成十（一九九八）年より地域の業者とｉｆ共済会の活用によって、葬祭事業を開始している。

（二）葬祭ビジネス

葬祭業は葬儀専門の葬儀社だけでなく、団体組合も行っているため、葬祭ビジネスを激化させている。まず他の葬儀社や団体組合に顧客や新規加入者を取られないために、営業部は勧誘を欠かさない。他の部署の社員も、自分の業務をしながら勧誘している。例えば集金係は顧客、仏壇部は仏壇購入者、事務員は知人に新規加入を心がけている。

事前相談窓口（生前契約、後述）や介護相談室は、互助会々員専属の民間救急サービスを行って施行につなげている。この民間救急サービスは、寝たきりの老人が病院や施設への入退院や外出などに利用できるようになっているが、万が一の時はすぐ葬儀に結びつく利点がある。また病院との付き合いは欠かせない。葬儀社によっては月に何回かの病院の掃除や花を届けることもある。時には院長や看護部長、事務長らに挨拶に行き、患者が亡くなった時、遺族に自社を勧めるよう依頼することもある。葬儀社の集金係は、集金をしながら顧客と親しくなり、家族の健康状態をチェックする。もし入院中の人がいたら、さりげなく病名、病院名を聞き、死期が近づいているようなら葬祭部に連絡をする。葬儀後は新規加入を勧めるために営業部、集金係、葬祭部、仏壇部などの社員が入れ替わり遺族の家を訪問する。早く契約を取った社員が勝ちということになる。

（三）葬儀

ａ　葬儀の依頼

葬儀が発生すると、互助会の葬儀社、勤務先が契約している葬儀社、知人や病院、老人施設の紹介の葬儀社、以前利用した葬儀社、広告に掲載されている葬儀社などに依頼する。病院で亡くなった場合、希望する葬儀社がないと、当番月の葬儀社が遺体を宅送する。(4)

葬儀社が決まると、喪主と葬祭ディレクター(5)が葬儀の規模を決める。両者で相談がまとまると、見積書が渡される。見積書には故人名、喪主、住所、電話番号、式場、宗派、祭壇、霊柩車、棺桶、通夜引き出物、告別式粗供養品、礼状、庭飾り、火葬料、マイクロバス、出立ち、初七日精進落としの料理など、種類、数、価格が明記される。

宗旨・宗派については、家の宗派や故人が信仰していた宗教で行われる。葬儀社では移住者や家の宗派を知らない人のために、寺院の紹介もしている。

ｂ　式場

・葬儀社の斎場

自宅葬は、昭和四十（一九六五—七四）年代まで八割ほど占めていたが、住宅事情や核家族化、親類付き合いの希薄化などによって、自宅葬は困難になってきた。そのため斎場葬を利用する人が多い。斎場は豪華なホテルの雰囲気があり、これまでの葬儀の暗いイメージがない。名古屋市内居住者の中には、自宅葬が可能な家でも斎場葬を望む人が多い。斎場は①天候を気にしなくてもよい②経験豊かな係員がすべて奉仕してくれる③遠方の会葬者のための宿泊施設がある④マイクロバスで送迎してもらえるなどの理由で利用者が増えている。

斎場に対して、個性的で多様なサービスが望まれるようになり、各斎場共、趣向を凝らしたサービスを提供している。(6)例えば劇場を参考に造られた斎場は、千名収容可能で、正面のスクリーンに故人の生前のビデオが上映できるようになっている。主に社葬に利用されている。また交通の便や雨天の日を考慮して、地下鉄の駅とホールを直結した斎場もある。

・寺院の会館

寺院の葬儀は「高い」「設備が悪い」など、利用者からしばしば不満の声が上がっていた。平成十（一九九八）年以後、境内に葬儀会館を設ける寺院が増えてきた。寺院の会館は斎場と同様の設備が整っており、冷暖房や駐車場が完備されている。寺院の会館であっても、宗旨・宗派関係なく、利用できる。斎場のように他家の葬儀と同時に行うことがないので、落ち着いた雰囲気で営むことができる。葬儀社の斎場の場合、葬儀は葬儀社主導であるが、寺院の会館の場合は寺院主導で、葬儀社は協力する形になっている。寺院の会館に業者が入っている所では、寺院がやりにくい営業面を担当し、利用者が寺院に聞きにくいことの相談に乗っている。

c　葬儀の内容

葬儀社が行う平均的な葬儀は、病院で亡くなった場合、病院の看護師、または遺族より葬儀社に依頼の電話→寝台車で斎場へ→遺体を斎場に安置→葬儀の打ち合わせ→葬儀の準備→通夜→葬儀・告別式→出棺→火葬→拾骨→初七日法要（斎場）となっている。

葬儀・告別式の式次第は、宗旨・宗派によって異なるが、次のような順で行っている。

喪主、遺族、親類、知人ら参列→開会の辞→僧侶入場→読経→弔辞、弔電の拝読→喪主の焼香、参列者の焼香→一般会葬者の焼香→読経終了→僧侶の退場→閉式の辞。

会葬礼状、香典返しの礼状などの各種礼状も、すでに出来上がった文面に喪主名、故人の俗名、住所、日にちなどを書き入れるだけになっている。

会葬者は香典、供花をして付き合いの義理を果たしている。供花の名札には「〇〇株式会社取締役社長〇〇〇〇」

「○○大学同窓会一同」「○○同好会」などと書かれていて、名札を見ただけで、故人や遺族の交際範囲がわかる。喪家側は大事な弔問客が訪れるので、立派な祭壇や生花で遺影を飾り、弔問客には通夜引き出物や粗供養品を準備する。特に故人の死亡を知らせる相手や焼香順、弔辞、答礼など不手際がないよう遺族や葬儀社は気を使っている。

d　葬儀費用

葬儀にかかる費用は、①葬儀社への支払い②寺院への支払い（仏式で行う場合）③接待費（料理、粗供養品、返礼品）の三つに分けられる。

平成十五（二〇〇三）年、日本消費者協会の調べによると、葬儀費は全国平均二三六、六万円。最も高いのは山梨、長野、岐阜、静岡、愛知で三七八、九万円。二番目は東京、埼玉、神奈川で三一三万円。三番目は新潟、富山、石川、福井で二〇三、四万円。四番目は茨城、栃木、群馬、千葉で一六五万円。愛知県は葬儀費のかかる地域である。

・　葬儀社への支払い

葬儀社への支払いは、祭壇一式（祭壇、祭壇花、仏花、供物、香など）、棺桶、霊柩車、寝台車、庭飾り、受付テント、後飾り、マイクロバス（式場→火葬場→自宅）、特別室（火葬場）、礼状、案内看板、式場の放送設備などの料金が含まれている。中には祭壇一式に霊柩車、寝台車（宅送、式場送り）、棺桶、庭飾り、受付テント、礼状など含まれている葬儀社もある。表は名古屋市近郊の葬儀社の平均的な葬儀費用である。礼状や棺桶、霊柩車、庭飾り、受付テントなどの種類や数は喪家によって異なるが、葬儀規模ごとの平均的な数を記入した。表の合計額に消費税が加算される。火葬料は非課税。名古屋市天白区の八事斎場の場合、名古屋市民は火葬料五千円（数年前までは無料）。自社に霊柩車や寝台車、マイクロバスを供えていない葬儀社は、特殊自動車やレンタカーの会社に申し込むので、祭壇一式に加えて、別途請求される。その他、斎場使用料を請求される。

葬儀社への支払い
価格は喪家によって異なるが、ここでは平均的な価格を掲載（単位：円）。
祭壇一式に、礼状、お棺、霊柩車、受付テント、庭飾りなどの価格が含まれる場合もある。
（名古屋市近郊の葬儀料・1996年頃）

	Aランク	Bランク	Cランク	Dランク
祭壇一式	3,000,000	820,000	686,800	411,000
礼状 （50円／枚）	約1,600枚 80,000	約600枚 30,000	約400枚 20,000	約200枚 10,000
お棺	100,000	80,000	55,000	55,000
霊柩車	69,040	69,040	49,140	49,000
宅送	サービス	サービス	サービス	サービス
受付テント	80,000	80,000	50,000	25,000
後飾り	15,000	15,000	15,000	15,000
庭飾り	60,000	60,000	30,000	30,000
ドライアイス	7,000	7,000	7,000	7,000
特別室	4,500	4,500	4,500	4,500
火葬料*	44,000	44,000	44,000	44,000
合計**	3,459,540	1,209,540	961,440	650,500

＊名古屋市昭和区八事斎場の場合、名古屋市民の火葬料は5,000円。火葬料は非課税。
＊＊消費税が加算される。

【密葬の場合】
祭壇一式198,000円、霊柩車35,490円、お棺35,000円、火葬料44,000円、
ドライアイス7,000円
合計319,490円

祭壇は互助会費に含まれている規格祭壇より三ランク高い祭壇を使用する人が多い。某葬儀社の話によると、五十五万円の祭壇を使用する場合、葬儀社側の利益率は五〇％も満たないため、人件費を差し引けば大赤字になるという。高額な祭壇一式を勧めることが、葬祭ディレクターに課せられている。

・寺院への支払い
導師は喪主が直接依頼する場合と葬儀社が依頼する場合がある。寺院への支払いは喪主と寺院で決める。

・接待費
通夜引き出物と粗供養品は値段と実用性で決める他、ブランド物を選ぶ場合がある。大事な会葬者に手渡すために、喪主は慎重に選んでいる。

e　葬儀後の印象

葬儀後、葬儀社の印象について遺族に聞いてみると、満足している人もいるが、不満足な人の方が多い。

【満足】

・親切にしてもらった。
・すべてやってもらったので、助かった。
・行き届いたサービスだった。
・葬儀費は妥当だと思う。

【不満足】

①互助会への不満

・「何年経っても互助会費で葬儀ができる」という約束で、戦後すぐに加入した。しかし今回使おうとしたら、「これは古いので」といわれた。結局、勧められた祭壇一式を使用することになった。古い互助会費・総合計六千円は、葬儀費から差し引いたにすぎない。これでは何のために、苦しい中、掛金してきたのかわからない。
・互助会費で葬儀のすべてができると思ったのに、足の出た分が多かった。

②価格が曖昧

・規格祭壇以上の祭壇を勧められた。
・祭壇花、庭花、ドライアイス、備品など、勧められるまま注文したため、別途料金をたくさん支払うはめになってしまった。

③マニュアル化した葬儀

・葬儀社のマニュアル化した葬儀だった。
・故人の個性を無視している。[7]

このように不満を聞くと、いくらでも出てくる。特に葬儀費のことで不満をもらす人が多い。他方、互助会社員に聞いてみると「結婚式後は感謝されるが、葬儀後は八つ当たりされることが多い」という。葬儀社への不満はある程度、遺族のやり場のない悲しみを、葬儀社にぶつけているのかもしれない。いずれにしても費用や内容が曖昧であることや葬儀社主導の葬儀が不満の原因になっているようである。

こうした葬儀社任せの葬儀に対する反省から、一九九〇年以後ぐらいから、葬儀に対する消費者意識を持つ人が増えてきた。葬儀に関する報道や「葬儀を考える」講座が開催されている。しかし既成の葬儀を批判する人ばかりではない。「僧侶に拝んでもらわないと、成仏しないような気がする」「祭壇があった方が葬式らしい」などの声もある。僧侶の読経と祭壇は、葬儀に欠かせないものと思われている。

自分の葬式は「簡単に」といっている人も、家族の葬式は「世間並みに」と応える人が多い。仮に「自分の葬式は出さなくてもいい」という遺言書があっても、遺族は平均的な葬式を行っている。

(四) 個性を尊重した葬儀

墓は故人の個性を尊重した形になってきたように、葬儀も故人の個性を尊重した演出が求められている。

a 宗教色の薄い葬儀

・自由な演出

これまで祭壇の花は、白か黄色の菊に限られていたが、現在はひまわりやバラなど故人が好んだ花を飾るようになった。絵や写真、手芸が趣味だった故人の場合、作品が展示されるので、展覧会の会場のような華やかさがある。

以前遺影は喪服に着替えさせたが、現在はスナップ写真通りの服装で、背景は故人の好きな色や花、風景を使用している。最近、生前に自分の遺影を撮影しておく人もいる。

故人の服装は、これまで白装束と決まっていたが、現在は故人が気に入っているスーツや着物を着せることが多い。葬儀社の中には女性のためにドレスを準備している所もある。冠婚葬祭用品会社では、女性用にピンクやブルーの地に小花を描いたドレスを用意している。高齢の故人でもピンクが好まれているという。

これまで棺覆いは西陣織であったが、現在は振袖のようなカラフルな友禅もある。

告別式は、僧侶の読経のなか、参列者が順に焼香するのが普通であるが、希望により故人の好きな音楽を流すこともある。また斎場中央のスクリーンに、故人の一生が映し出され、故人の奇抜な恰好を観て、参列者がどっと笑うこともある。

・ 参列者の服装

少し前まで喪家の女性は、必ず家紋の入った喪服（和服）を着用した。現在、着物離れということもあるが、喪家側も喪服（和服）を着なくなった。ある呉服屋は「以前は成人式の振袖と共に、嫁入り道具の一つとして、必ず喪服（夏冬用）を揃えたが、最近は売れなくなった」と愚痴っていた。客によっては「黒のスーツで十分」「どうしても着なくてはいけないなら、レンタルを利用する」という人もいる。これまで不幸物のレンタルは「他人の不幸を背負うことになる」と忌み嫌われてきたが、そんなことを気にする人は少なくなった。現在のところ葬式には、男女共、黒のスーツを着用している。

b シンプル葬

簡略化した葬儀は、これまで「世間体が悪い」といって嫌われてきた。ところが高齢の故人の場合、職場や地域の人々との付き合いが薄く、病院や施設に費用を使い切っているため、シンプル葬を望んでいる人が多い。シンプル葬は身内だけで送る家族葬や遺体を火葬するだけの直葬などが増えている。(8)

家族葬は斎場や寺院の他、マンションやアパートでも営めるので、しきたりにこだわらず、義理の会葬者もなく、身内だけでゆっくり別れができ、費用もかからないということで望まれている。家族葬の需要が増えたため、家族葬専門の葬儀社が登場した。

（五）個性的な葬儀

a　生前葬

普通、葬儀は亡くなってから行うものであるが、生前に懇意にしていた人と告別する生前葬も行われている。生前葬はパーティ形式が多いが、趣味のコーラスや絵画展、書道展を行う人もいる。あるコーラスの指導者は、余命数カ月と宣告され、部員との最後の練習を告別式とし、静かに旅立って逝った。自分の人生は自分らしく締め括った例である。

b　自然葬

NPO法人「葬儀の自由をすすめる会」（東京都文京区後楽）や葬式簡略化協会、散骨専門の葬儀社などは、低料金で個性的な葬儀を請け負っている。

内、散骨専門の葬儀社は、遺骨を山や海に粉砕して自然に帰す「自然葬」を行っている。散骨希望者は「早く自然に帰りたい」「この形態が望ましい」「海が好き」「山が好き」などといっている。海洋散骨は、遺族の手で海上散骨する「個別散骨」と希望の海域で代行者が散骨する「代行散骨」がある。

自然葬をした著名人の内、親鸞は加茂川、インドのネール首相はインド太平原とガンジス川、ライシャワー駐日大使は太平洋、歌手のマリア・カラスはエーゲ海、中国の周恩来首相は揚子江、女優の杉本春子は相模灘に散骨された。

c　宇宙葬

個性的な葬儀は、星になって家族や友人を宇宙から見守ってほしいという、宇宙葬を考え出した。宇宙葬は遺骨の一部を衛星ロケットに積み、大気圏外に打ち上げて、地球周回軌道に乗せようとするものである。平成十（一九九八）年二月十日、アメリカで初の打ち上げがあり、以後、数回打ち上げている。現在はテロを懸念して、ロケットの打ち上げを止めたため、宇宙葬は行われていない。

（六）将来の火葬場

都市では墓地だけでなく、火葬場も不足している。名古屋市の八事斎場は、大正四（一九一五）年に建設されたため、設備が古く、炉の数も少ない。利用者は名古屋市民だけでなく、近郊の住民も利用している。そのため需要に対して供給が少ない。名古屋市は平成二十四（二〇一二）年頃から、火葬場増設の必要に迫られているが、適当な土地がなく、建設反対運動も起きる。そんな状況のなか、日本財団の井上文夫氏考案の火葬船が注目されている。三十年後は人口も減少するので、火葬場を建設するより、火葬船の方が良いといわれている。名古屋市は火葬船については慎重であるが、もしつくるなら、周りを公園にし、火葬場とわからないようにしたいという。また地中火葬場の構想もある。地中火葬場は地熱を使うので、消エネにもなるといわれている。

以上のように個の社会が進むにつれ、墓も葬儀もしきたりに囚われることなく個性的になってきた。

平成二十一（二〇〇九）年二月二十二日に、納棺師を題材にした映画「おくりびと」が米アカデミー賞・外国語映画賞を受賞した。その背景について、ロイター通信によると「日本の葬送文化や死者への悔みの気持ちが、他国にはない日本独特の文化が勝利をつかんだ(9)」とある。この映画は納棺師がさまざまな死に方の死者とその遺族に接するストーリであるが、例え目を背けたくなる死者であっても、畏敬の念を失わず、手厚く見送っていることが評価されたようである。
他方、人と人とのつながりが薄くなったためか、葬儀の必要性を感じなくなり、遺骨を檀那寺に宅送する人や、経済的な理由から遺体を何カ月も放置する人などいて問題になっている。葬儀の内容や死生観、死者の扱いは、社会の変化と共に、今後も変化していくと思われる。

註

（1）大塚民俗学会編『日本民俗辞典』弘文堂、一九七二年、四三三―四三四頁。
（2）社団法人全日本冠婚葬祭互助会『外務員教本・らいふあっぷＢＯＯＫ』一九九四年。
（3）全葬連『ｉｆ共済会々報ＮＯ５』二六―二七頁。
（4）何社かが月交代で宅送する。宅送した葬儀社で葬儀をした場合、宅送料は無料になる。
（5）労働省認定のプロスタッフ。「営業」といわれている人。
（6）斎場使用料は五万円から十万円で、互助会員は半額。無料の所もある。斎場は自社の葬儀を行うだけでなく、他社に貸し出している葬儀社もある。
（7）川上光代「現代日本人の葬送観と葬儀の現状」（南山宗教文化研究所編『宗教と宗教の〈あいだ〉』二〇〇〇年、九二―一一五頁）
（8）東京では三割が直葬。
（9）「中日新聞」二〇〇九年二月二十四日付夕刊。

第三章◉既成宗教の単立化

かつて氏神、檀那寺は、地域の政治、経済、教育、文化、社交、癒し、祭り、信仰、子供の遊び場などであった。氏子、檀家は何かにつけて氏神、檀那寺に集まった。日本人にとって氏神、檀那寺は、心の故郷でもあった。現在は、氏子、檀家の転居や政治、教育、娯楽などが、別の場に移ったことによって、社寺はコミュニティーセンターでなくなった。

一　利益を求めて

新興宗教は立派な宗教施設を構え、年々信者数は増えているが、観光客も訪れない地方の寺院は寂れる一方である。

(一) 昔からの霊験

自分は「無宗教」と、胸を張っていっている人も、子供の宮参りや合格祈願、家族の結婚式や葬式、季節ごとの初詣、節分、盆など、必ず社寺と関わりを持っている。名古屋市民は霊験に応じて次の社寺に参拝している。

a　年中行事

「初詣」

熱田神宮（熱田区神宮）、那古野神社（中区丸の内）、大須観音（中区大須　真言宗智山派別格本山宝生院）、豊川稲荷（豊川市豊川町、曹洞宗妙厳寺）など。県外では伊勢神宮（三重県伊勢市）、伏見稲荷（京都市伏見区）など。

「節分」

大須観音、笠寺観音（南区笠寺、真言宗智山派笠覆寺）、荒子観音（中川区荒子町、天台宗観音寺）、竜泉寺観音（守山区吉根、天台宗竜泉寺）、甚目寺観音（海部郡甚目寺町、真言宗智山派甚目寺）、成田山名古屋別院（犬山市犬山、真言宗智山派大聖寺）など。

「彼岸、盆」

檀那寺、単立日泰寺（千種区法王町）、真宗両別院、改葬した寺院、入信した教団など。

b　通過儀礼

「宮参り」

熱田神宮

「生育祈願」

熱田神宮、同神宮・摂社高座結御子神社（熱田区熱田東町）、朝日神社・稚児宮（中区錦）など。

「結婚式」

熱田神宮、那古野神社、式場の教会など。

「葬式」

檀那寺、近くの同宗派の寺院、葬儀社紹介の寺院など。

c　諸祈願

「縁結び」

笠寺観音、田縣神社（小牧市田県町）、萱津神社（海部郡甚目寺町）など。

「子授け、安産」

塩竈神社（昭和区天白町）、六所神社（東区矢田南）、大縣神社・姫の宮（犬山市宮山）、田縣神社など。

「母乳」

間々観音（小牧市間々本町、浄土宗龍音寺）。

「合格」

熱田神宮・摂社上知我麻神社、愛知県護国神社（中区三の丸）、上野天満宮（千種区赤坂町）、御器所神社（昭和区御

弘法大師の御祥当命日の祈祷会
大師の功徳を得ようと、善の綱を握る参詣者（知立市・遍照院〔1、3、6月〕）

熱田神宮の花の撓
これを見て農家の人々は今年の作柄を占う

高座結御子神社の御井戸社前の井戸を子供に覗かせ、その水を飲むと虫封じの霊験があるという

九万九千日
酷暑の中、観音の功徳を得ようと、全国から参詣者が訪れる（犬山市・寂光院）

田縣祭
２ｍ余りの檜の陽物が街を練る（田縣神社）

茅輪神事、赤丸神事（朝日神社）

器所）、山田天満宮（北区山田町）、岩津神社（岡崎市岩津町）、北野天満宮（江南市北野）など。

「商売繁盛」

熱田神宮・摂社上知我麻神社、豊川稲荷、真清田神社（一宮市真清田）など。

「交通安全」

成田山名古屋別院など。

「厄除け」

尾張大国霊神社（稲沢市国府宮）など。

この他愛知県内には昔からの霊験によって、参詣者を集めている社寺がたくさんある。かつて祈願の目的に応じて村内の社寺や祠、石仏などを参ったように、現在も結婚式は〇〇神社、初詣は〇〇神社（寺）、節分は〇〇寺というように、祈願別に県内外の社寺を参詣している。祈願範囲は村内から全国に広がった。

(二) 霊験譚の変化

昔から霊験あらたかな社寺は人々の信仰を集めてきたが、平安時代の霊験では現代人から見ると夢物語である。愛知県内には新霊験譚によって、全国から多くの参詣者を集めている寺院がある。

a 新霊験譚

・ぜんそく封じの寺

豊田市渡刈町の浄土宗大通院は、ぜんそく封じの寺として全国的に知られている。同寺の霊験によると、昭和三十(一九五五)年十月三十日、住職の前に観音が現れ「和尚祐光、汝は仏に仕える身なれば、世の善男善女の中にぜんそくに苦しむ者知れず、その者達に斎戒沐浴し、南瓜を以て、毎年旧初亥の日を期し、我が座せる観世音の前で摩訶般若波羅蜜多心経を信者と共に厳粛に奉唱し封じよ。我その信者を加護す。夢々疑う可らず」と三度告げた。この日以来、毎年旧十月の初亥の日を祈願したところ、利益があり、年々参詣者が増えている。現在では愛知県内だけでなく、遠く東京、大阪、四国、九州からも祈願に訪れている。年間参詣者五千人。全国から礼状が届いている。(1)

ぜんそくで悩む人々は、観音像を擦った後、自分の体を擦って、ぜんそく平癒を祈願する(豊田市・大通院大祭)

・ガン封じ寺

難病の一つに癌がある。われわれは毎日、添加物や農薬のかかった野菜を食べ、排気ガスやたばこの煙を吸い、ストレスを溜め込んで生活をしている。いつ癌になってもおかしくない状態である。

蒲郡市西浦町の真言宗醍醐派無量寺は「ガン封じ寺」と呼ばれている。昭和四十（一九六五）年頃、近郷の癌患者が、同寺にガン封じを祈願したところ、奇跡的に完治したという。この利益によって、全国からガン封じの祈願に、年間百万人訪れている。(2)

b　利益の現代化

愛知県護国神社は戦没者慰霊の神社であるが、遺族の死亡や高齢化により、本来の参詣目的が変化してきた。最近は英霊の武勇から、入試合格祈願や車祓厄祓を行っている。一月十五日を「合格祈願の日」として、特別祈願を奉仕している。

名古屋市北区の山田天満宮内の金神社は、「こがね」という名から、くじ開運、金運招福、商売繁盛を祈願している。

その他「足の神様」として信仰されてきた神社には、足の病や怪我だけでなく、足のスポーツであるサッカーの必勝祈願も行っている。

(三)　祈願の変化

a　寺院での祈願

先述の新しい霊験によって、全国から参詣者を集めている社寺では、参詣の仕方や家での心得など事細かく説明している。例えばガン封じ寺では参詣者はまず封じ堂を参る→本堂に行って住職から癌予防の心得を聞く→希望者は秘伝のガン封じ祈祷を受ける→寝室に貼る札、お守り、ガン封じ箸を受ける。

ぜんそく封じ寺では、大祭に本堂で住職と参詣者が共に心経を唱え、病気平癒を祈願する。読経が流れるなか、南瓜を持った十一面観音像がまわされる。参詣者は観音像を摩った後、自分の体を摩って病気平癒を願う。祈祷後、自分の生年月日を記入した用紙を、中身をくり抜いた南瓜に封じ込める。数日後、住職がその南瓜を矢作川に流すことによって、ぜんそくを流したことになる。

b　必勝祈願号

受験間近い正月に、受験生たちが「必勝祈願号」に乗って合格祈願神社を巡るツアーがある。学問の神である上野天満宮や山田天満宮、必勝の神である御器所神社を巡って、予備校代表者から「受験生のこころがまえ」など聞く。昼食は「勝つ」ということでカツ丼やカツサンドが出される。巡拝中「すべった」という言葉はタブーとされている。その他合格祈願の神社では、寸分惜しんで勉強している受験生のために、家にいながらファクスで参拝できるようにしている。

岡崎市・岩津天神の撫牛
学問上達・神経痛平癒の利益がある

c　家での祀り方

合格祈願の岩津神社では「参拝案内」に神札の祀り方や返却の方法、日々の祀り方など詳細に記されている。受験生とその家族は、同案内書の通り実践し、真剣な祈りを捧げている。めでたく合格するとお礼参りに行く。同社へは社会人になってからも参拝する。(3)

新興宗教のほとんどが、教祖の呪術ではじまっているように、ここに取り上げた社寺も、現代人向けの利益によって再出発している。祈祷寺（社）として蘇った社寺は、全国から参詣者が訪れるようになった。それぞれ神社庁や各宗派に属しているが、単立化、あるいは教団化傾向を感じる。

註
（1）大通院パンフレット。
（2）無量寺パンフレット。
（3）岩津神社・参拝案内。

二　氏神、檀那寺の再建

離郷者は氏神、檀那寺と疎遠になったが、死者供養の場や交流の場、身の上相談の場など求めている人が多い。そこで神職や住職らは、人々の要望に応えられる氏神、檀那寺の再建をはじめた。

（一）離郷者のための檀那寺

a　中部都市圏開教対策本部

西本願寺名古屋別院では、都市開教は宗門将来の命題を決する重要課題という認識の下、都市部での教線拡張を重要視している。首都圏、京阪神圏と並ぶ三大都市圏の一つである中京圏を教化伝道の基礎とする同別院に、昭和六十二（一九八七）年「中部都市圏開教対策本部（岐阜別院が支院）を設立した。[1]前年の昭和六十一（一九八六）年には、新興住宅地である日進市梅森北田面に分院（布教所）を開設している。その後近くの名古屋市名東区梅森坂に移転し、参詣や常例法話（毎月二日）など出会いの中から〝心の通ったご縁を大切に〟を信条に、伝道活動を行っている。離

離郷門信徒のための常例法話
西本願寺名古屋別院分院（日進市・現名古屋市名東区に移転）

郷門信徒のために葬式や法事、レクリェーションなど行い、同所専従者や名古屋別院のあたたかい指導によって、すっかり定着し、郷里の檀那寺の役割を十分に果たしている。昭和六十三（一九八八）年から同別院で「離郷門信徒の集い」を毎年四月八日に開催し、輪番の講演や懇親会など、同別院と離郷門信徒が家庭的な雰囲気で結ばれている。

b　檀那寺として出発

豊田市はトヨタ自動車や関連会社の従業員が移住しているため、今まで檀家がなかった祈祷寺が急に檀家を持つようになった。江南市の団地近くの寺院では、宗旨・宗派関係なく、檀家として受け入れている。また他の新興住宅地では新たに単立寺院が建立され、宗旨・宗派関係なく、葬式、納骨、法要、結婚式、地祭など行っている。

このように離郷者は移転先の寺院で、死者供養（葬式、法事、改葬）やレクリェーションに参加している内に、檀那寺として移籍している。

（二）現居住者と祭りづくり

先述の如く地域の祭りは、住民たちの大切な行事であったが、離郷者たちは、郷里の祭りも転居先の祭りも参加しなくなった。神職や住職の中には、地域の人々が連帯感を持つ祭りが大切と痛感し、次のような新しい祭りをつくった。

a　なごや昇龍みこし

名古屋市の繁華街にある朝日神社では、地元の大津商店街発展会が中心になって、平成元（一九八九）年の名古屋市制百周年と世界デザイン博を成功させるために、連帯感が生まれる祭りが必要と考え、祭りに使用する「なごや昇龍みこし」を昭和六十三（一九八八）年に完成した。同年は明治維新の年と同じ戊申の年に当たり、革新・改革の年とされていることと、昔から龍は人々に崇拝されてきたということで、二十一世紀への飛躍・名古屋を象徴する昇龍みこしを造ることにした。この神輿は氏子だけでなく、広く一般市民が参加できることを目的として造られた。毎年、八月下旬に行われる「広小路夏祭り」の神輿の担ぎ手を広く一般公募し、祭りを盛り立てている。これまで名古屋と姉妹提携をしているアメリカ・ロスアンゼルス市の二世ウィーク・ジャパニーズ・フェスティバルに参加して、盛大な歓迎を受けた。このフェスティバルは、半世紀以上続いている伝統のある祭典で、日米関係の順調な発展とともに歩み続けてきた。名古屋市民が連帯感をもつことを願って造られた神輿は、日系人の連帯感とも通じるものがあり、フェスティバルの先駆者の考えを、次の世代に伝えていく役割を果たしている。

b　願成観音太鼓の会

田原市渥美町福江の曹洞宗潮音寺では、昭和五十七（一九八二）年に、当時の副住職が郷土芸能をつくるために、祈願太鼓をベースに振り付けた「願成観音太鼓の会」を発足した。メンバーは小学生から大学生まで、約五十人が加入している。同寺の観音まつりや地域の祭り、施設慰問などで披露している。

c　かぼちゃサミット

「中風除け」「かぼちゃ寺」「ハズ観音」の名で親しまれている西尾市幡豆町の浄土宗西山深草派妙善寺で、平成二（一九九〇）年から、同寺の縁起に因んで「かぼちゃサミット」を、同寺と幡豆観光協会、中日新聞協賛、幡豆町、名古屋鉄道、名鉄観光船、幡豆町農業協同組合、三ケ根山発展推進協議会後援で開催している。

同寺の縁起によると、その昔、妙善寺の和尚の夢枕に観音が立って「明朝、門前の海浜にて宝徳を授ける。この宝徳をもって世襲を救済し、平和を報世せよ」とのお告げがあった。和尚は明朝、門前の海岸に行って見ると、波間に金色の大かぼちゃが浮かんでいた。和尚は観音のお告げ通り、この大かぼちゃを炊きだし、村人諸衆に配付けして無病息災を祈願したところ、村人は大歓喜した。以来、同寺を病魔平癒（成人病予防）のかぼちゃ寺として信仰されるようになった。(2)

こうした社寺主催の新しい祭りを、現居住者と共に行うことによって、地縁に基づく氏神、檀那寺として再出発している。

（三）仲間と檀那寺づくり

a　芸術村

知多郡南知多町岩屋の曹洞宗嶇屈寺の石田豪澄元住職は、禅画僧で知られている。禅画や仏画、書、短歌、俳句など研鑽して内外で個展の開催や各地の寺院の梵鐘、天井画、襖絵、庭など制作している。昭和四十八（一九七三）年、インド・ブッダガヤの日本寺本堂の天井画百六十六枚を揮豪し、国際仏教興隆協会から「日本画僧」の称号を贈られた。

昭和五十（一九七五）年に岐阜県土岐市土岐口鏡ケ池に単立中道寺を結び、誰でも自由に参加できる芸術村を創るために、日本禅アート教会を発足した。(3)来山者は若い芸術家が多い。来山してまず三十分間坐禅をするのが規則となっている。その後は自由に絵や陶器の製作を行いながら、自己を見つめ直すことを目的としている。住職は禅の思想を言葉で教え込まず、「来山者が何かを通して、自分で体得すれば」と願っていた。同寺は奉賛会や総代などの組織はないが、来山者が進んで協力している。

b　交流会

名古屋市昭和区八事本町の高野山真言宗別格本山興正寺では、身近で親しみやすい寺院を目指して、葬儀、法事、催事など幅広く利用できるホールと納骨位牌堂を設けている。血縁、地縁、宗旨・宗派を超え、さまざまな人との出会いを通じて、新たな絆を深めていくことを目的に、興正寺交流会「杜の響」をつくった。生前に同寺の永代供養を申し込むと、同交流会に参加できる。主な活動として一日修養会（法話、写経など寺院の暮らしを体験する）、団体参加（知多四国八十八カ所霊場巡拝他）、各種講座（阿字観、写経、御詠歌、茶の湯）を開催している。これまで面識のなかった人と共に、精神修養や霊場巡拝することによって、新しい絆を深めている。会員は死後、同寺で葬儀を行い、契約した納骨位牌堂で祀られる。三十三回忌以降、遺骨は合祀されるが、位牌は位牌堂で引き続き供養される。(4)

（四）講

かつて猟師は山の神講、農家は田の神講、漁師は金毘羅講、商人はえびす講、大工・鍛冶屋・左官などの職人は太子講に加入していた。講員は一部落ごと、あるいは部落を越えた同業者仲間が寄り合い連合していた。現在、愛知県内の社寺では、神徳や利益を求めて集まった人々が、共に祭りや奉仕活動、同好会など行っている。

a　奉賛会

有名社寺の奉賛会や総代の名簿を見ると、政治家や会社経営者、役員の名前が連なっている。政治家は地元の票固め、経営者は異業種間の協力を得る目的もあるが、社寺にとって頼りになる総代である。

b　商店街組合

先述の朝日神社は名古屋市の繁華街にあるため、氏子は百貨店、会社、商店などの経営者や役員が多い。朝日神社を中心に大津通り商店街が共に奉仕活動や祭りを営むことによって連合している。

c　同業者の講

熱田神宮外護団体の内、豊年講は愛知県下の篤志家、神御衣奉献会は繊維関係者、摂社上知我麻神社の恵比寿の内、はたらきえびすは勤労者、とりえびすは漁業関係者、あきないえびすは商人が信仰している。

大須観音の人形供養には、中部節句工業組合、愛知県人形玩具工業協同組合、名古屋雛人形商業協同組合、八月十日のハットの日には、名古屋帽子協同組合主催で帽子供養祭を行っている。

交通安全祈願の成田山名古屋別院では、港トラック成田講があり、運輸関係者が加入している。

d　同好会

熱田神宮は草薙神剣を祀っているため、刀剣保存会や青年つるぎ会の他、献茶会、よもぎ花道会、ボーイスカウト、ガールスカウト、児童合唱団、献菊会がある。

愛知県護国神社は英霊を祀っているため、武道に通じるということから、愛知県剣道連盟、愛知県弓道連盟、愛知県柔道連盟がある。

e　遺族会

愛知県護国神社は、愛知県遺族連合会、名古屋市遺族連合会、愛知県軍人恩給連合会、愛知県傷痍軍人会、愛知県遺族連合会婦人部、名古屋市遺族会婦人部、同神社奉賛会市町村各支部、同神社いしぶみ会などあり、神徳昂揚、遺族相談、祭典奉仕など行っている。

f　奉仕団

熱田神宮では敬神婦人会や先述の外護団体（豊年講、神御衣奉献会、恵比寿講など）、成田山名古屋別院では索の会や名古屋成田講、犬山月参成田山講が積極的に祭典奉仕や社（寺）運隆盛に努めている[5]。

それぞれ社寺を中心に、同業者、同好会、同商店街、同境遇者らが寄り集まり、共に祭りや奉仕活動を行うことによって連合している。江戸時代の氏子、檀家制度は崩壊したが、神職や住職を中心に、新居住者や商店街、同好会など同質者同士が、新たな氏子、檀家、あるいは講員として絆を深めている。

（五）イベント

現在は娯楽の場が多様化したため、社寺に集うことが少なくなった。そこで神職や住職らは、人々を社寺に招くために、さまざまなイベントを企画している。

a　音楽祭

名古屋市中区大須の大須観音では、毎年、九月九日に大正琴の演奏を行っている。大正琴は大正元（一九一二）年九月九日に大須の住人・森田伍郎が八雲琴を基にして、小型で手軽な二弦琴を考案した。出来上がった時が、重陽の節句であったので「菊琴」と名付けられた。この菊琴をさらに弾き易く改良したのが、現在の大正琴といわれている。奉納演奏は境内の大正琴発祥の地の記念碑前に、家元や名古屋市会議員、琴城会々員、新興会役員ら約百人が集まり、同寺の貫主が入場してはじめられる。大正琴の軽快なリズムは、発祥地大須から全国に向けて流れているようである。

他の社寺も地元の自治会や商店街などの協力を得て、インド音楽、和太鼓、コンサート、コーラス、オカリナ、シンセサイザー、琵琶、フルート、胡弓、ハープ、ジャズオーケストラなどの演奏会を開催して人々を招いている。

大須大正琴大祭
毎年、重陽の節句に大正琴の演奏会が開かれる（大須観音）

ｂ　落語、絵解き

名古屋市東区東桜の曹洞宗含笑寺では、昭和四十二（一九六七）年から、関山和夫・元佛教大学教授を主催者として、毎月落語家を招いて「落語の会」を催してきた。参加者たちは落語を聞きながら、仏の道を感じていた。

その他絵解きや高座説法を行っている寺院もある。

ｃ　花まつり

徳林寺では四月上旬にネパール色濃い「花まつり」を開催している。会場には誕生仏灌仏参拝、坐禅、茶会、インドの音楽と踊り、チベットの版画展、ネパール、タイの仏伝図、百八観音サンガ展、ネパールのバザールや精進料理などが催している。参詣者はネパールの仏画の観賞や料理を楽しみながら、ネパール仏教に触れている。

ｄ　献茶、献花

社寺の大きな行事には、華道展や茶の接待が行われている。これは神仏への奉仕と発表会を兼ねているが、出品者や参詣者は茶道や華道を通して社寺と親交を深めている。

社寺でのイベントは、宗教に関心のない人々を社寺に招く結果となっている。人々は一社寺だけでなく「〇〇神社でコンサート」「〇〇神社で絵画展」「〇〇寺で華道展」ということで、関心のある催しを選んで社寺と縁を結んでいる。

（六）教化救済

大乗仏教は自らの悟り（自利）だけでなく、衆生救済のはたらき（利他）を実践して、成仏することを目的としている。

法華経の信者であった聖徳太子は、その精神によって四天王寺に敬田院、悲田院、施薬院、療病院を建立し、病人や貧窮孤独な人々を救済した。太子の活動は、日本最初の社会事業として有名である。寺院では昔から療養所や寺小屋、説教、身の上相談など、檀家の教化救済を行ってきた。住職は良き先生であり、弱者の見方であった。現在、住職らは、次のような教化救済を行っている。

a　教化

先述の如く僧侶が衆生を教化するのは当然のことであるが、現在は、檀家を檀那寺に招くことが不可能となった。そこで神職や住職たちは、現代人に合った方法を模索した。

・通信伝道

テレホン法話

電話はいつでもどこでも自由にかけられるということで、昭和末期頃から仏教会や寺院でテレホン法話を実施している。

名古屋市中区橘の浄土真宗大谷派名古屋別院では、「われわれの生き方を、お念仏のみおしえに照らして」と、テレホン法話を行っている。

瀬戸市仏教会では、昭和六十二（一九八七）年から毎月一法話を入れ替えている。テーマは仏教行事、おしゃかさまのおはなし、民話、人生について、心のあり方など、担当者が選んで三分間流している。月平均三百五十回の利用がある。これまで流してきた法話は、『おたのしみ法話集』にまとめている。

北名古屋市師勝町の天台宗高田寺の住職は、人々に明るい楽しい人生を送ってもらうために、仏教の教えをもっと広く知らせたいと願い、昭和六十（一九八五）年から始めている。法話は三分間で、毎月一日と十六日に内容を入れ替えている。〝命を大切に〟を大テーマとし、入れ替えの間に起きた事件や自分の体験などを基にして、千字ぐらいの文にまとめている。利用回数は一日約四十回。利用者の住所は不明であるが、県内をはじめ岐阜県、三重県からも手紙や電話がある。中には入水自殺を図って、川の淵まで来て法話を思い出し、止まった人もいるという。(6)

その他名古屋市西区浅間の臨済宗妙心寺派林貞寺、西尾市東幡豆町の浄土宗西山深草派妙善寺などで行っている。

ハガキ伝道

東海市荒尾町の浄土宗西方寺の住職は、布教教化の一環として、昭和四十二（一九六七）年頃から、毎月一回、ハガキ伝道を行っている。国内だけでなく、ブラジル、ハワイまで読者が広がっている。そのハガキをまとめて、『ハガキ伝道集』を発行している。(7)

・寺院の出版物

各社寺では氏子や檀信徒のために、新聞や小冊子を発行している。例えば海部郡甚目寺町の萱津神社では「阿波手の社」、真宗大谷派名古屋別院では「御坊」、浄土真宗本願寺派名古屋別院（東海教区教務所）では「とうかい」、名古屋市昭和区八事本町の高野山真言宗別格本山興正寺では「八事山文庫」、名古屋市中川区中郷の真言宗智山派宝珠院では「宝珠院だより」、犬山市犬山北白山平の真言宗智山派大聖寺（成田山名古屋別院）では「名古屋成田山」、同市の真言宗智山派寂光院では「千の手」を定期的に発行している。

内容は真宗両別院では教区内寺院のニュース、経典の説明、人とのふれあいの話、門信徒のひろば、講座・行事の案内など。各寺院では護持会、総代会での報告、行事の案内や報告、住職の法話、信徒の投稿、初詣や盆など民間信仰の説明、仏教用語の説明、家庭内での父親のあるべき姿、健康の話、介護保険など、あらゆる角度から仏教の教えを説いている。

仏教会や社寺で発行する出版物は難しい内容ではなく、氏子や檀家、一般を対象に、わかりやすく説いている。軽い気持ちで読んでいる内に、神道や仏教の教えに触れることができる。

・法話、講座、文化活動

昭和末期頃から「宗教ブーム」といわれ、名古屋市内のカルチャーセンターでは、必ず宗教の講座が開かれ、多くの人が受講している。当時、社寺や会館では次のような法話や講座を開いていたが、現在、取り止めになった講座もある。

名古屋市熱田区神宮の熱田神宮では、毎月大学教授や博物館学芸員、医師らを招き、「文化講座」を開催している。名古屋市中区橘の浄土真宗大谷派名古屋別院では、急激な変貌を遂げる現代社会に応えるために、教化センターを門法の道場として活動している。定例布教、人生講座、暁天講座、親鸞聖人讃迎講演会、真宗講座など開いて、親鸞の教えを広めている。

名古屋市中村区の同朋大学・知文会館は、親鸞の精神に一生を捧げた故杉戸ちよさんが、自宅を同朋大学に寄付し、昭和五十七（一九八二）年、宿泊できる研修施設として全面開放した。杉戸さんの遺志に沿って、毎月二十九日には「真宗講座」、隔月には「人生を考える公開講座」を開講している。

名古屋市中区門前町の浄土真宗本願寺派名古屋別院では、輪番や東海教区などから講師を招き、常例布教、なものの会、歎異抄講座、土曜講座、毎週日曜日は子供会、名古屋市名東区の分院では、毎月二日には常例法話を開講している。

臨済宗妙心寺派林貞寺では、毎月一回「写経の会」を開き、写経、写仏、法話の後、住職手作りの精進料理を楽しんでいる。参加者は二十代から五十代の女性が中心。平成元年（一九八九）年に建立した檀信徒会館はカルチャーセンターや研修所として活用している。(8)

名古屋市千種区上野の臨済宗妙心寺派永弘寺では、昭和五十五（一九八〇）年頃から「写経の会」を開催。現在会員約百人。毎月十五日の例会には読経、法話、静坐、写仏など行っている。(9)

名古屋市熱田区尾頭町の浄土宗雲心寺では、毎月八日に「法話の集い」を開いている。この集いは藤井實應・知恩院門主が、昭和三十（一九五五）年から、十二月八日の成道会にちなんで毎月八日に開いていた。藤井門主が岡崎市鴨田町の浄土宗大樹寺から東京の増上寺法主になってからは、開催が困難となり、昭和五十（一九七五）年に中止となった。その後、檀信徒の要請によって、昭和六十一（一九八六）年に再開した。毎回檀信徒だけでなく、愛知県下から約百人訪れる。「念仏」「一枚起請文」を唱和の後、浄土宗布教師会の講師の法話が午前と午後の二回ある。

山主の定例法話「やすらぎ説法」（犬山市・寂光院）

犬山市の真言宗智山派寂光院の聖徳殿では、各団体の研修道場、法輪殿ではやすらぎ説法道場として、連日法話や講演が開かれている。山主の定例法話「やすらぎ説法」は、昭和五十九（一九八四）年から毎月一回開かれている。(10)

名古屋市南区呼続の曹洞宗長楽寺では大人のための寺小屋日曜塾を平成二十四（二〇一二）年から、毎月第三日曜日に開いている。内容は日本の歴史や文化、経済、宗教、礼法、人生についてなど、専門の講師を招いて行っている。(11)

その他名古屋市中区橘の真宗大谷派東別院（愚深会、輪王真宗講座）、大谷派名古屋教務所（人生講座）、名古屋市西区那古野の真宗大谷派慶栄寺（真宗三連

続講座）、名古屋市中区大須の真宗大谷派楽運寺（東海まみず会）、碧南市山神町の浄土真宗本願寺派善光寺（仏教講話）、岩倉市本町の真宗大谷派証法寺（尾北講習会）、愛西市立田町の浄土真宗大谷派随順寺（お経を習う会、仏教生活講座）、岡崎市鴨田町の大樹寺（経典講座）などで各種講座が開かれており、自由に聴講できる。各講座の受講料は無料から二千円。

・子供のための塾

熱田神宮では、昭和二十五（一九五〇）年頃から、毎年夏休みの前半三週間、小学生三百人を集め、境内で緑陰教室を開校している。歴史、規模ともに日本一である。毎日午前九時から十一時まで、一年生から六年生まで学年別に分かれて、写生、図工、音楽、神宮の話などを開講している。この教室を母体として、昭和四十四（一九六九）年、児童合唱団が発足した。団員は小学一年生から高校一年生まで幅広い。団員数は約五十人。これまでNHK出演やプラハ少年少女合唱団公演の参加、名古屋市制百周年記念式典など、同神宮合唱団として特色ある活動を行ってきた。

緑陰教室（熱田神宮）

熱田神宮児童合唱団 20 周年記念演奏会（平成 2 年 2 月 20 日）

稲沢市の尾張大国霊神社では特に青少年の教化活動に力を注いできた。子供たちが日本の伝統に親しむことを願って昭和三十五（一九六〇）年より、毎年四月は写生大会、五月五日は子供の日、七月七日は七夕祭りを行っている。

北名古屋市の天台宗高田寺では、昭和五十

四（一九七九）年から、毎年八月末に二日間、小学生を対象に「高田寺夏季坐禅と法話の集い」を開いている。まず「懺悔文」「三礼」「四弘誓願」を唱和後、坐禅、法話。二日間がんばった子には、修了証書を授与する。また高田寺は平安時代、三蹟の一人・小野道風が同寺に耳病平癒と書道上達を祈願し、「医王山」の額を奉納した故事に因んで、昭和五十九（一九八四）年から、道風公奉賛会主催の献書展を十一月上旬に行うようになった。県下の小中高生や書道塾から、毎年二百五十点ほど出品している。来賓から「書を通して、人間形成の場にしていただきたい」と挨拶があったように、青少年から成人まで幅広い層の教育の場となっている。

名古屋市千種区の単立日泰寺では、平成五（一九九三）年から、「夏休み親子仏教体験」を開いている。長楽寺では、平成二十六（二〇一四）年から、緑に囲まれた境内で、子供のための自然塾を開いている。坐禅、昔話、日曜大工、魚とり、バーベキューなど、自然とのふれあいを通して、社会性や協調性、忍耐力など養うことを目的として開いている。参加の子供たちは、回を重ねる度に増えている。[12]

道風公奉賛会主催の書道展（高田寺）

・　坐禅の集い

「坐禅の集い」は人気があり、個人的に、あるいは職場から団体で参加している。

名古屋市東区新出来町の臨済宗妙心寺派徳源寺や犬山市犬山の臨済宗妙心寺派瑞泉寺は専門道場であり、雲水の指導に当たっているが、一般市民の教化活動も盛んである。徳源寺では「直心会」と「見星会」の二つの坐禅会を開いている。共に個人の自発的なサークルで、直心会は毎週土曜日午後六時から坐禅、喚鐘がある。見星会は毎週月曜日午前五時から粥座、坐禅、喚鐘に続いて、住職を交えて茶話会が開かれる。直心会には女性や在日外国人の参加がある。坐禅会のメンバーで、同寺の接心に参加する人も多く、なかには雲水になった人もいる。同寺は社員の研修の

禅をきく会・曹洞宗東海管区教化センター主催

愛知専門尼僧堂・女性緑陰禅の集い

場として、県下各企業から利用申し込みが年間を通じてある。特に新入社員の入社時に、企業研修会が開かれている。(13)

名古屋市千種区城山町の曹洞宗愛知専門尼僧堂では、昭和四十（一九六五）年頃から毎年七月に二泊三日で「女性緑蔭の集い」を開いている。参加者は愛知県下だけでなく、全国の十代から七十代までの女性約百二十人が参加している。内容は坐禅指導、坐禅、講話、お茶、食事作法、薬石、入浴、班別懇談会、夜坐、暁天、作務、総合研修など。参禅者たちは老若男女、身分の差なく、忍耐力や協調性、思いやりなど養っている。全課程を修了して帰る時には、参禅者同士、仲間意識が強くなっている。坐禅は多くを語らなくても、ただ座るだけで感じるものがある。

曹洞宗東海管区教化センターでは、昭和六十二（一九八七）年から、毎年、「禅をきく会」を中京大学文化市民会館（旧名古屋市民会館）で開いている。曹洞宗寺院関係者や一般ら約八百人が参加し、曹洞宗関係者や大学教授らの講演や椅子坐禅がある。

その他、名古屋市東区代官町の曹洞宗永平寺名古屋別院や名古屋市中区新栄の曹洞宗宋吉寺、愛知学院大学禅研究所、都心のマンション（僧侶主催）、社内の坐禅堂などで行っている。

これらの参禅会は宗旨・宗派関係なく、誰でも自由に参加できる。参禅者はほんの一時、現実から離れ、自分自身を見つめ直している。

b　救済

かつて寺院の中には、眼や耳などの療養所や孤児の収容所、人生相談など行っていた。現在は医学の知識のない僧侶が病人を診ることはできないが、説教や身の上相談、ボランティア活動などは続けている。

・身の上相談

かつて悩みがある時、住職、恩師、家族、親類、地域住民、友人らに相談した。ところが現在、相談する人がいなく、一人で苦しんでいる人が多い。そこで住職らは宗旨・宗派関係なく、誰でも自由に、相談に応じている。

愛知専門尼僧堂の青山俊董堂長は、長く身の上相談を行ってきた。時には興奮状態で訪れる人もいるという。

名古屋市天白区野並の曹洞宗徳林寺は、ネパール人の駆け込み寺になっている。住職は大学卒業後、ネパール旅行を切っかけに、在日中のネパール人の相談に乗っている。(14)

両寺院は、都会や異国で悩んでいる人々にとって「オアシス」とでもいえる場となっている。

・心身障害者の相談の場

てんかん患者は世界で百人に一人、国内でも百万人いるという。彼らへの不当な差別、偏見を正すために、昭和六十三（一九八八）年十一月に、岡崎市鴨田町地蔵ケ入の高野山真言宗弘正寺の住職と難治性てんかんの子供を持つ親が共にスライド紙芝居「ちえおくれのお地蔵さん」を制作した。物語は大正三（一九一四）年頃、岡崎にふらりとやって来たてんかんの持病を持った青年・河内が、心やさしい町の人々に親しまれながら、短い一生を閉じたという実話である。彼が貯めたお金と町の人々の喜捨と同情によって、大正十一（一九二二）年九月、同寺に「河内地蔵」を建立した。この主人公と周りの人々が残した障害者と健常者の理想的な共存の事業が嬉しくて、スライドを作る

托鉢した浄財をNHK歳末助け合いに協力
（臨済宗妙心寺派　愛知西教区青年僧の会）

青年僧歳末助け合い寒行托鉢
（愛知県第一曹洞宗青年会）

切っかけとなった。このスライド紙芝居が、日本てんかん協会全国大会で初演され、その報道がＮＨＫテレビで放映されると、同時に「てんかん相談」の電話が入るようになった。住職は「愛知県にお越しの節は、ぜひ当山の河内地蔵にお参りいただき、河内と心やさしい町の人々に思いをはせ、てんかんや心身障害者の問題について、気兼ねなく話合える場になれば」と願っている。[15]

・海外福祉教化

真言宗智山派成田山名古屋別院では、平成二（一九九〇）年、スリランカに「名古屋別院成田山ランポクナガマ文化会館を開設し、幼児教育と地域住民の研修の場を提供している。同事業は昭和四十三（一九六八）年の成田山開基千五十年、名古屋別院開創三十五周年を記念して、同年を「国際文化活動元年」として、海外福祉教化活動に取り組むことを発願した。このことは太平洋戦争後の昭和二十六（一九五一）年、サンフランシスコ講和条約調印に先立ち、連合国の間で、対日賠償請求権をめぐり、激しい日本非難が展開された折に、当時のセイロン（現スリランカ）代表は「憎悪は憎悪によって止むことなく、ただ慈愛によってのみ止む」と釈尊の言葉を引用し、対日賠償権を放棄するとともに、日本への条約和平に反対した。この恩に報いるために、大本山成田山の鶴見照碩貫主は「幼児教育は民族の根源をなすもの、仏さまの智慧の教えをすべての子供たちへ」という誓願によって、昭和六十（一九八五）年からスリランカに五つの幼稚園を開園した。名古屋別院でも人類、国家を越えて次代を担う子供たちの教化育成を推進していくことを決意した。この事業推進のため「名古屋成田山海外交流協会」を設立した。その他犬山ライオンズクラブやスリランカのビヤガマライオンズクラブ、信者らの協力を得た。開園に具えてスリランカから幼稚園教諭五人が、平成元年（一九八九）年五月から平成二（一九九〇）年三月まで、同別院に寄宿し、犬山市の幼稚園、保育園で研修を受けた。彼女たちは帰国後、スリランカの幼稚園で教諭として活躍している。幼稚園の定員は二百人で、ランポクナガマやその周辺の三歳から五歳までの幼児が通園している。

・チャリティーコンサート

寺院の中には、地元の市民グループや仏教会主催で、チャリティーコンサートとして、ジャズやクラッシック、中国胡弓などの演奏会を開催し、身障者や大地震支援など行っている。

また各宗派の青年僧の会は、歳末助け合いに協力するために托鉢をしている。

以上、氏子・檀家制度の崩壊は、宗旨・宗派、檀家に縛られることなく、神職や住職らは宗教者として、幅広く活動できるようになった。人々も家の宗派に関係なく、説教やイベント、ボランティアなど内容に応じて、社寺を訪ねている。中には勤め帰りに「ボーズバー」に立ち寄り、一杯飲みながら、僧侶に身の上相談をする人や仏教の教えを聴く人もいる。

註

（1）「中外日報」一九八七年七月二十六日付。
（2）妙善寺パンフレット。
（3）中道寺パンフレット。

(4) 興正寺パンフレット。
(5) 川上光代「氏神、檀那寺の移行」(東海印度学仏教学会『東海仏教・第三十七号』一九九二年三月、二八―二九頁)
(6) 藤が丘コミュニティ八周年記念講演会パンフレット、一九九〇年。
(7)「中外日報」一九八七年、七月二十六日付。
(8) 前掲紙、一九八七年七月二十六日付。
(9) 前掲紙、一九八七年七月二十六日付。
(10) 松平實胤『やすらぎ説法』(カセットテープ) 寂光院、一九八九年。
(11)「おもかげ」二〇一五年七月、長楽寺。
(12) 前掲紙。
(13)「中外日報」一九八九年七月二十六日付。
(14)「中日新聞」一九九三年八月五日付日刊。
(15) 上映を進める会『ちえおくれのお地蔵さん』一九九〇年。

第四章◉超宗派連合による教化救済

先述の如くまた檀家制度の崩壊は、超宗派でも活動できるようになった。本章では超宗派連合による活動を取り上げることにする。

一　超宗派連合

(一) 仏教会

寺院が加入する仏教会は、全国各地に存在する。愛知県内には愛知県仏教会、名古屋市仏教会、各区仏教会、各市仏教会、各郡仏教会がある。

愛知県仏教会は、愛知県内の四千百五十八カ寺が加入している。主な事業は仏教行事、火災寺院検査、その他事務打ち合わせ、全日本仏教会負担、日本を守る会後援、宗教者セミナー出席、海外仏蹟巡拝など行っている。

南区仏教会は、賛助会員・戦没者英霊・伊勢湾台風殉職者・新亡諸霊合同慰霊法要、釈尊の教えをしのぶ「ともしびの集い」などの開催や『なむぶつ—心のかがみ—』を発行している。

瀬戸市仏教会の中には檀信徒部会(昭和四十八年発足)があり、仏教の興隆と会員相互の親睦を図ることを目的

檀信徒が中心の愛知県尾張部仏教徒大会

花まつりの日に、大須商店街を練り歩く名古屋市仏教会

戦没者英霊、伊勢湾台風殉難者霊、新亡諸霊の合同慰霊法要（南区仏教会）

花まつりに白象の背に花御堂を乗せて子供たちが街を曳いて歩く（三好仏教会）

三越百貨店で花まつり（中区仏教会）

「いのち尊し」の幟を持って、瑞穂区内を托鉢する（瑞穂区仏教会）

「ウエサカ鑽仰歌」を合唱する聖歌隊

日泰寺本堂で愛知県下宗門校の生徒が一堂に会して法要を営む（ウエサカ祭）

宗門校生徒の作品展（ウエサカ祭）

（会則第二条）に、仏教会役員の懇切丁寧な指導の下、次の事業を行っている。①瀬戸市仏教会の行う事業に協力する②大本山並びに県仏教会の要請の行事に協力する③会員並びに仏道研鑽のための研修会・講演会の開催④寺院の参拝、各種宗教施設の見学⑤会員親睦を図る行事⑥篤信会員の顕彰⑦その他本会の目的達成に必要な事業（会則第五条）を行う。同部会が目的とする根底には、家庭内に仏教が生かされて「祈る心」「信じる心」が育成されれば、明るい家庭が生まれるという考えがある。

各仏教会共、花祭りの行事は盛んで、区役所での集いや百貨店に花御堂の設置、稚児行列、子供の白象曳きなど行っている。

（二）県下宗門校が一堂に会して

昭和三十二（一九五七）年から、釈尊の真骨が奉祀されている名古屋（日泰寺・奉安塔）を中心に、世界の仏教国と共に釈尊を鑽仰する「世界仏陀の日」として「ウエサカ祭」を行うようになった。「ウエサカ」とはインドの暦の上では、旧暦四月十五日の第一の満月の日をいう。南方仏教ではこの一番美しい満月の日に、釈尊が降誕・成仏・涅槃をしたと伝えられており、この日を聖日とし、釈尊の遺徳を讃える盛大な祭典が営まれる。

当日は名古屋地区の仏教徒や宗門校（愛知学院、尾張学園、豊川学園、同朋学園、日本福祉大学）の教職員、生徒が参列して、日泰寺で供養、式典を行い、釈尊の徳を慕い報恩感謝の誠を捧げている。

二　宗派を超えた学習会

（一）清和会館

清和会館（名古屋市中区丸の内）は、昭和二（一九二七）年、名古屋市千種区吹上馬走の旧名古屋刑務所正門前に民間の説経所として活動を開始した。昭和九（一九三四）年、会館の本堂を名古屋市中区桑名町に移転した。当代一流の仏教学者を招いて講演会を開催してきた。その後戦争が勃発し、停滞していた。昭和四十九（一九七四）年十一月に名古屋別院青少年会館ホールで、清和会館四十周年記念の「講演会と討論会の集い」を開いたのを契機に、活動を再開した。以後、月一回の会館での法話、年一回の「一日出家の集い」を開催している。

清和会館・一日出家の集い
無事に二日間の修行を終えて、精進料理を味わう参加者

（二）名古屋あすの会

超宗派で仏教の教えを聴こうという考えは、真宗大谷派・名古屋教区の中にもある。同教区の有志住職は、昭和五十四（一九七九）年に、「名古屋あすの会」を発足した。講師は同宗派だけでなく、外部からも招き、学習会や他宗教

の教化活動の研究など行っている。

（三）世界宗教者・日本会議

世界宗教者・日本会議は、昭和五十八（一九八三）にアメリカで国際宗教財団が設立し、宗派を超えた運動を行ってきたことにはじまる。昭和六十（一九八五）年、アメリカ・ニュージャージ州で全世界から六百人の宗教者を集めて世界宗教議会を開いた。日本からも五人が参加した。昭和六十一（一九八六）年、世界基督教統一神霊教会が中心となって、日本にも事務局をもった。以後、北海道、仙台、東京、名古屋、金沢、大阪、広島、徳島、福岡に事務所を開き、公開講演会、セミナーなどの開催や海外の会議、ボランティア活動などに参加している。

（四）宗教と文化を考える会

南無の会なごや発足記念講演会で講演する松原泰道氏（平成元年７月20日）

宗教と文化を考える会は、昭和五十五（一九八〇）年クラーク・オフナー公同教会牧師の呼びかけによって始められた対話の集いである。宗教と文化の領域で、宗派、年齢、身分、分野などの違いを超え、自由に意見を交換して、親しく交流することを趣旨としている。会員制度はなく、自由に誰でも参加できるようになっている。毎月一回、あらかじめ決めたテーマに基づく発表に続いて質疑応答、座談会を行っている。オフナー氏は平成十一（一九九九）年、アメリカに帰国したが、常連の参加者が後を受け継いでいる。

（五）南無の会なごや

南無の会なごやは「南無の会を名古屋でも開こう」と広告代理店社長の呼び

かけによって、平成元（一九八九）年、各宗派の有志が集まり、「南無の会なごや」を発足した。「誰でも気軽に、喫茶店でお茶を飲みながら、一人でも多くの人にみほとけと出会う」ことを目的に、名古屋の中心街の喫茶店で毎月、各宗派の僧侶、財界人らを講師に迎え、定例会を開催してきた。毎回、満員の盛況ぶりであった。現在は名古屋市中村区の寺院に会場を移した。

全国からの移住者の多い都市では、寺院に檀家を招いて説教することは困難である。そのため区役所、喫茶店、百貨店、スーパー、カルチャーセンターなど、人々の集まる場所を会場に、宗旨・宗派関係なく行っている。

南無の会なごや３周年記念で、オペラ「釈尊」が演じられた。

三　民間人主催の集い

（一）在家出家

在家出家は昭和二十七（一九五二）年、在家者中心の仏教徒の集まりとして創立した。一定の宗派、教団に偏ることなく、仏教を通じて人生の喜びと安定を得ようとしている。支部は札幌、東京、名古屋、大阪、宇部、防府、福岡にある。主な活動として月間雑誌『在家出家』の発行、各地で講演会、夏期坐禅の会、聖典の現代語訳、海外各国の仏教徒と交流など行っている。講演会には宗教者、大学教授、医師らを講師に招いている。

（二）健康禅研究会

健康禅研究会は複式呼吸法を考案した中根佐一郎氏が、昭和四十九（一九七四）年に発足した。会員制はなく、誰でも自由に参加できる。例会は毎月一回、名古屋市中区の伊予銀行で開催される。参加者は約百五十人。大半は六十歳以上。毎回複式呼吸法を実習した後、宗教者や医師らの講演がある。

（三）千早こころの談話室

名古屋市中区新栄の老松公団住宅一階のコミュニティーセンターで、毎月、同センター運営委員と婦人部が中心になって、仏教談話の講師を招き、千早こころの談話室を開いている。最初、参加者は地域住民だけであったが、回を重ねるごとに、愛知県下だけでなく、三重県からも訪れている。毎回、四、五十人の参加がある。

（四）つつじの会

つつじの会は平成十二（二〇〇〇）年、ファミリーサークル・あいち文化フォーラム（名古屋市中区千代田）として発足した。会員数約二百人。同会は①豊かな人間性の形成②よりよい家庭づくり③奉仕の心で地域社会に貢献。この三つのビジョンを目指している。

「家庭」という単位は人生において基本をなす単位であり、原点であるということで、幸福な家庭づくりを主旨としている。これまで地域の中でのつながりを深めるための集会や講師を招いての講演会、クリスマス会、供養祭（盆、彼岸）、家族大会、小学生キャンプ、旅行、フラワーアレンジメント教室など開催してきた。学習施設内にはビデオルームがあり、講演会収録のビデオ、主旨にあった報道番組、教養番組など自由に観ることができる。希望に応じてカウンセリングも行っている。

毎月の例会として「感謝のつどい」を開催している。舞台正面の「天運到来」と書いた掛け軸に祈願書々写を奉納し、会のはじめに「千の風になって」を合唱した後、「感謝の生活八カ条」を唱和する。この八カ条には家族の愛、人から受けた恩、万物の恵み、先祖の守り、試練、神仏の導きに感謝するよう綴ってある。講演に続いて新約聖書の聖句を書写し、徳積みをする。瞑想の後、「おことばはいじゅ」といって、参加者に異なった聖句が渡される。各自手にした聖句を読んで反省する。

同会は宗教団体という意識はないが、聖書の引用や霊界の話、瞑想、先祖供養、「天運到来」の掛け軸に、供物や祈願書を奉納するなど、宗教団体の要素が強い。

檀家制度の崩壊は、各寺院の単立化や超宗派連合や民間団体による宗教活動が活発になった。平安時代の僧・空也上人が民衆と結びついて伝道教化を行っていたように、神職や住職らは宗派や氏子、檀家に束縛されることなく、宗教者として教化救済ができるようになった。人々も自由に宗教や団体、集い、宗教者など選べるようになった。

四　日本最古の超宗派連合

「超宗派連合」といえば霊場会も当てはまる。わが国の霊場や順路は、室町中期から江戸時代にかけて現在の形になり、巡礼が一般化したのは、江戸時代に入ってからである。霊場会は檀家制度ができた江戸時代に、超宗派で連合していたといえる。

前田卓氏が西国三十三カ所の納札を整理し、巡拝者の出身地を第一ブロックから第五ブロックに分けて整理したところ、尾張は第二ブロックに入っていた。この統計によると、尾張は巡礼が盛んであったといえる。尾張の巡礼者は、圧造とか虎松など、名字のない農民が多いのが特徴だという。[1] 農民の巡礼者は、裕福な家（庄屋）の者の他、村や観音講からの団体が多かった。

（二）江戸から昭和までに開創された霊場

江戸時代以後は各地で地方版の霊場が模倣された。尾張では次の霊場が形成された。

・尾張三十三所[2]（江戸初期形成、昭和三十《一九五五》年再編成）
・尾張四観音[3]（江戸初期形成）
・知多四国八十八カ所（江戸末期形成）
・名古屋二十一大師霊場（江戸末期形成、昭和四十年代再編成）
・城東西国三十三カ所（明治末期から大正時代形成）

知多四国霊場の巡礼者

名古屋二十一大師霊場二十周年記念法要（大須観音・平成元年 11 月 21 日）

・南知多三十三カ所（昭和初期形成）

以上の他、内藤昭一郎・元日本霊場史会々長の調査によると、昭和五十（一九七五）年当時、愛知県内には府内八十八カ所、府内四十八カ所、府内七福神、名古屋三十三カ所、尾張西国三十三カ所、尾張六地蔵、大名古屋八十八カ所、熱田新田西国三十三番札所、名古屋阿弥陀如来四十八カ所、金毘羅大権現三十三カ所、秋葉大権現十八カ所、大歓喜天十八カ所、新西国三十三カ所、東海圏新西国三十三カ所、知多新西国三十三カ所、四国直伝弘法大師八十八カ所札所、知多七福神、東海七福神、三河新四国八十八カ所、三河新四国三十三カ所が存在したという。

小牧市上末では、明治の頃まで嫁入り前の娘は必ず尾張三十三所を巡拝しなければならなかった。娘たちは白い着物においづるを羽織り、赤の手甲、黄色の脚絆をつけて、大八車の四方に竹を立てて屋根をつけた馬車に数人が乗って、「米つき歌」を歌いながら、二泊、あるいは何回か分けて日帰りで巡拝した。娘たちの尾張三十三所巡拝は、結婚の条件であったが、嫁ぐ前に「いい思い出をつくってやりたい」という親心が、娘の霊場巡りを可能にしたようである。地方版の霊場は、庶民が気軽に行ける霊場として信仰を集めてきた。

正月に三越百貨店で、なごや七福神霊場出開帳を開催

(二) 昭和末期から平成に再編成された霊場

尾張の霊場は、戦火で焼失した寺院や戦後の合寺、解散、区画整理による移転などで、消滅してしまった。戦後、市街地は整備され、経済成長すると、巡礼者から霊場再編成の要請があり、尾張三十三所や名古屋二十一大師が再編成された。昭和末期には次の三霊場が開創された。

「なごや七福神霊場会」は昭和六十一(一九八六)年一月に開創。

「東海四十九薬師霊場会」は昭和六十一(一九八六)年五月、霊場会を発足。東海地方の薬師を祀っている寺院が集結して発足した。四十九という数は、死者が四十九日に薬師の救済を受けるということで名づけられている。この霊場は三河湾国定公園、浜名湖県立自然公園、渥美半島県立自然公園、室生赤目青山国定公園、鈴鹿国定公園、飛騨木曽川国定公園の美しい自然につつまれた広大な薬師霊場である。

「東海三十六不動尊霊場会」は平成二（一九九〇）年開創。三十六という数は、不動尊の眷属である三十六童子にちなみ名付けられている。また人間の三十六の煩悩を参拝することによって消滅させ、幸せを招くともいわれている。

（三）新霊場会開創の経緯

東海三十六不動尊霊場会編成に当たって、次のような準備委員会や宣伝、布教活動が行われた。

a　霊場会準備委員会

不動尊霊場会は北海道、東北（六県）、関東（一都三県）、北関東（三県）、近畿（二府四県）、四国、九州（七県）にあるが、東海地方にはなかった。そこで愛知、岐阜、三重の三県の有志寺院が話し合い、不動尊信仰の一層の高揚と信徒の要請に応えるために創建の運びとなった。発足の二年前の昭和六十三（一九八八）年から、準備をはじめている。最初は成田山名古屋別院を中心とする五カ寺が準備委員となり、三回準備委員会を開いて、霊場設立を進めてきた。準備委員会は発起委員会に発展し、さらに五カ寺が加わって、三回発起委員会を開いた。

候補寺院選定理由は①不動明王を安置している②不動信仰を啓蒙する寺院であること③宗教活動が盛んであること④交通の便が良好であることを挙げている。

何度も調査研究を重ね、三十六カ寺が出席して設立総会を開き、いよいよ発足に向けて準備を開始した。

開創事業としては、平成二（一九九〇）年二月十六日から二十一日まで、名古屋駅前の名鉄百貨店とメルサの連絡通路で、三十六カ寺をパネルで紹介する「東海三十六不動尊霊場写真展」を開催した。〝心ふれあう巡礼の旅〟と題して、会場に不動尊の画像と各霊場の写真を展示し、買物客にありがたいお不動さんの道を紹介した。

開創に向けて御印譜、霊場寺院札、パンフレットなど準備し、同年四月一日、成田山名古屋別院で開創法要を行った。

b　霊場の宣伝

こうして審議に審議を重ねてスタートしたが、巡礼者がなければ霊場会の意味はない。そこで各霊場は檀信徒から団体を募った。特に名古屋鉄道の協力を得て、各駅ホームにポスターを貼り、霊場設立を紹介した。同霊場は愛知、三重、岐阜の三県にまたがる広範囲で、車で巡拝すると、岐阜と三重は各一日コース、愛知は一泊二日かかる。名古屋鉄道（平成二年当時、名古屋鉄道の会長は成田山名古屋別院総代）では、「開創記念・東海不動尊霊場巡拝」のバスツアーを実施した。四月は愛知県の霊場を巡拝する日帰りコースと一泊二日コース。五月は三重県、岐阜県の巡拝コースに分けて巡った。こうした努力によって、現在ではすっかり定着している。

成田山名古屋別院で東海三十六不動尊霊場の開創法要（平成２年４月１日）

他の霊場会も、より巡礼者を集めるために、例えば知多四国八十八カ所では十年ごとに記念事業の一環としてガイドブックの発行、記念宝印授与、パンフレット配布、大師像建立、霊場撮影コンテスト、写生大会、功績のあった先達の表彰など、多彩な記念事業を催している。平成二十（二〇〇八）年は、開創二百年に当たり、さまざまな行事が催された。中部国際空港のセントレアでは、小豆島、九州、四国霊場と「新四国三大霊場合同お砂踏み」や住職の講演会が催された。

名古屋二十一大師霊場や南知多三十三カ所観音霊場では、区切りの年に記念法要やお砂踏み、法話、稚児行列、御詠歌奉納など催している。

各旅行社では霊場会とタイアップして、霊場巡りを実施している。某旅行社では、四国霊場会の大先達を招いて、巡礼の魅力や霊場案内を行っている。会場は満員の盛況ぶりで、中には十八回巡ったという常連もいる。

（四）事業の展開目的

霊場会の事業の展開は、加盟寺院間の親睦と参加者の教化育成に努め、信仰に基づく平和な社会を建設することにある。

巡礼者たちは仏教の深い意味を知らなくても、巡礼中に色界の垢を落とし、最後の札所に着いた時は、仏に近づいている。坐禅は座って禅定に入るが、巡礼は大自然の中で仏の世界を体験するようになっている。

尾張三十三所の巡礼者に「巡礼中にどのように感じましたか」と質問したところ、「気分さわやか」「ありがたさと幸せいっぱいです」「来年も是非、巡礼したい」と応えていた。巡礼者同士、共に巡拝する内に、同行者としての意識を持ち、以後、友達付き合いをする人もいる。

註

（1）前田卓『巡礼の社会学』ミネルヴァ書房、一九七一年、一三〇―一三一頁。

（2）尾張藩士で画家・随筆家でもあった高力種信（猿猴庵）の『甚目寺参道しるべ』に、「尾張の国甚目寺順礼堂鰐口永正七（一五一〇）年七月吉日嶋安井民部烝」と記されていることからも、開創は江戸以前とも考えられる。

（3）尾張四観音は江戸や京に通じる東海道や、伊勢から北上した道、飛騨から南下した道に位置するため、尾張藩は府城鎮護の道場と定め、祈祷料田を寄付し、保護してきた。

第五章◉神秘主義を中心とした宗教

神秘主義を中心とした宗教は、昔から人々の関心を集めてきたが、集の社会では個人的な信仰は表面化しなかった。明治以後の科学万能主義は、霊感商品や占いなど「迷信」といって軽蔑してきた。ところが現在では、霊感商品を身に付け、占いに興じていても、批判する人がいなくなった。

一　霊感商品

最近、社寺で配布しているお守りは、西陣織の袋に入ったお守りの他、ペンダント、ブローチ、携帯ストラップなど、年々、華やかさを増している。お守りは社寺だけでなく、霊感商品専門店やアクセサリー店、通信販売でも購入できる。内、霊感商品専門店には幸せを招くペンダント、ブレスレット、指輪、神秘の霊石、財布など販売しており、宝石店のような豪華さがある。霊感商品の通信販売の広告には、購入者が「宝くじに当選した」「理想の人と結婚できた」「重役に昇格した」などと、喜びの声が載っている。霊感商品は無縁社会の人々にとって、自分だけの守護神なのかもしれない。

二　開運

(一) 本やテレビで占い

新年を迎える前になると、書店には干支九星の『高島暦』、六星占術による『〇星人の運命』、風水による『大開運』、星占いの『〇〇〇座』などの暦の他、霊能者、鑑定士のカレンダーや手帳など並んでいる。週刊誌や月刊誌、新聞、テレビでは「今日（月）の運勢」、「今日の風水」が紹介され、見てから出かける人がいる。またインターネットや電話でも占いを行っている。

本やテレビなどの占いは、組織に束縛されることもなく、費用もかからず、日々の戒めや励ましになっている。

(二) 神秘的な番組

一時期、スピリチュアルカウンセラーが出演するテレビ番組の視聴率が高かった。番組の内容は政治家や芸能人、選手ら有名人をゲストに、スピリチュアルカウンセラーの霊視で前世や亡き両親のメッセージなど伝えていた。ゲストはスピリチュアルカウンセラーの優しさ、寛大さにふれて、次第に自分の身の上話をはじめている。時にはスピリチュアルカウンセラーが、強い口調でゲストを諌め、方向づけることもある。視聴者は自分と重ねて参考にしている。

昔は死者が生者の世界を訪れるのは、正月や盆、彼岸などハレの日に限られていたが、現在は日常的に死者と関わりをもっている。こうした背景には人との信頼関係が薄くなっているため、自分を愛してくれた亡き家族のメッセージが、絶対的なものとなっている。

焼十万枚護摩供に挑む菩薩修行道場の松永修岳管長

卍字教団落慶法要（平成２年11月30日）

(三) 運命の好転

a　自分で運命鑑定

本やテレビの占いは、星座や干支、生年月日、血液型が同じ人に共通で、個人別の占いではない。人知れず自分の運命を好転させるために、文化センターの「開運学」の講座を受講している人がいる。ある講座では人の一生に影響を与える諸要素は、「天与・先天的要素と人為・後天的要素がある。自分で天与・先天的な要因を把握し、努力をして運命を好転させることができる」と指導していた。受講生たちは運命を好転させるために、真剣な眼差しで受講していた。

b　鑑定士による運命鑑定

昔から街角には易者がいて、人々の運命を鑑定していた。現在も街角やスーパー、地下街、デパート、占いの館などで鑑定している。鑑定を受けているのは、高齢者より若い女性が多い。彼女たちの占いごとのほとんどが結婚運である。キャリアウーマンも必ずといってよいぐらい結婚運を占ってもらっている。大半のＯＬは学校を卒業後、就職をし、思い切りお洒落をして、海外旅行も行き、貯金もしている。満たされた生活の中、気がつくとないのは優しい夫とかわいい子供がいる家庭である。毎日、これといった不満はなくても、変えてみたい願望がある。単調な毎日を変えるのは結婚ということになる。結婚が永久的な幸せかどうかは別問題として、自分を操っている神秘的なものに賭けている。彼女たちの占いは明るく、ファッション性さえ感じる。

一方、家に引き籠っている人や失業者は深刻である。望みのない日々の中、新聞広告の「人生相談室」が目につく。そこには「くよくよ一人で悩むのはやめましょう。心を開き、まず相談くださる事が幸せに連なる第一歩です。不幸や悪運を、幸せへと導きますから、早くいらっしゃい」「相談は一人ずつで秘密を厳守します。あきらめる前にご相談ください」と書いてある。個人の秘密を厳守した中で鑑定や祈祷を受けている間は、誰もが大きなものに包まれている安堵感を覚える。まさに癒しの空間である。こうした人生相談室を開いていた真言宗諸派連合卍教団・高野山崇修院（愛知郡東郷町）や菩薩修行道場・天地修験道（名古屋市天白区植田山）は、後、教団に発展した。

三　宇宙真理究明の講演会

ライフフォーラムジャパンは、昭和五十（一九七五）年頃から開いてきたオカルト、UFOなどの研究会を統合して平成二（一九九〇）年に発足した。毎月一回の例会で現在社会、政治、経済の体制から覆い被されてきた部分にスポットを当て、事実を見つめるために講演会を開催している。毎回、参加者は約百人。年齢層も幅広い。組織はつくらず自由参加である。内容はホリスティク医学、サイキック現象、UFO、ミステリーサークル、精神革命、宇宙エネルギー、気功教室など、この世の謎や真理を明かそうとしている。全国からその分野の権威者、体験者、霊能者らを招き、その真髄を語り、参加者の質問に答えている。中には事務局を訪ねる人もいる。

同会は宗教団体でないが、未知なる世界を知って自分を確認し、人生の意義を見出している。

その他愛知県内には中部サイ科学会、人間能力開発センターなどの諸団体があり、宇宙の無限の根本的なものを宇宙レヴェルで研究している。

少し前まで幽霊の話をすると軽蔑されたが、現在はテレビで「本当にあった怖い話」というタイトルで、防犯カメラに映った幽霊を放映している。アニメの「ゲゲゲの鬼太郎」や「妖怪ウオッチ」は、人間と妖怪の交流を描いている。かつて幽霊の映画は、恨みのある幽霊であったが、現在の特にアニメの妖怪は明るく、人間の良き友達である。例え一人ぼっちでも、異次元の幽霊や妖怪が側にいてくれれば、心強く前向きに生きていけるようである。

集から個への社会の変化は、霊的世界も個へと変化した。生者も死者も個性的で、結束力がなく、バラバラである。それぞれ集団に加入していても、構成員としての意識がない。当然、信仰も個人の信仰となった。加えて檀家制度の崩壊は、人々を檀那寺から解放し、結婚式はA神社、宮参りはB神社、初詣はC神社、子授けはD寺、ガン封じはE寺、身の上相談はF寺、法話はG寺などと、各自の目的に応じて参詣している。参詣者が多く集まる社寺は、宮司や住職を中心に次第に組織化し、新たな氏神、檀那寺、教団として発足している。宮司や住職らは、宗旨・宗派、あるいは氏子・檀家に縛られることなく、宗教者として自由に活動している。

第三部

自立した個人の集合体

第一部の如くかつて日本人は、同質者集団の構成員として生きてきた。ところが現在、「個の社会」「無縁社会」といわれ、人と人とのつながりのない社会になってしまった。特に独居の高齢者や失業者、障害者、故郷を離れて暮らす若者らは、孤独と不安を感じている。日本人の多くは、家族に囲まれた生活が幸せだと思っているが、核家族化や少子高齢化社会で、望めなくなってしまった。困窮者を家族に代わって支援するのは、国や地方自治体、民間団体ということになるが、果たして支援団体は、困窮者の身になって救済しているだろうか。本部では脱無縁社会を目指して、専門外の社会福祉事業の現状を少し覗いた後、人間の生きる意義を仏教に求め、旧共同体や教団の共生の精神を参考にし、個の社会のままで、日本人に適した共生社会を考えてみたい。

第一章◉共生社会の再建

社会福祉事業の現状

日本は昭和四十五（一九七〇）年に総人口に対する六十五歳以上の比率が七％～一四％の「高齢化社会」となり、以後、二五％以上の「超高齢社会」、そして平成二十四（二〇一二）年八月に二五・一％の「超高齢化社会」となった。国民の四人に一人は六十五歳ということになる。ついに一人で三人の高齢者を看ることになってしまった。この差し迫った問題に対して、社会福祉事業はどこまで進んでいるだろうか。

一　高齢者支援

（一）介護保険制度

高齢者の介護を社会で支え合うために、平成十二（二〇〇〇）年四月から「介護保険制度」がスタートした。介護を必要とする高齢者は、次の介護サービスが受けられるようになった。

①自宅で受けるサービス
訪問介護、夜間対応型訪問介護、訪問入浴介護、訪問看護、訪問リハビリテーション、居宅療養管理指導、福祉用具貸与、福祉用具購入費の支給、住宅改修費の支給、生活援助型配食サービス。

②短期間入所して受ける介護サービス
通所介護（デイサービス）、認知症対応型通所介護（デイサービス）、通所リハビリテーション（デイケア）、短期入所生活介護（ショートステイ）、短期入所療養介護（ショートステイ）。

③施設で受ける介護サービス
認知症対応型共同生活介護、特定施設入居者生活介護、地域密着型特定施設入居者生活介護、介護老人福祉施設、地域密着型介護老人福祉施設、介護老人保健施設、介護療養型医療施設。

④通い、泊まり、訪問を組み合わせる介護サービス、小規模多機能型居宅介護。[1]
介護サービスを受けるためには、社会福祉課に認定申請をし、要介護認定を受ける。ケアマネージャーは本人や家族の立場に立って、ケアプランを作成する。

（二）高齢者支援の現状

介護保険制度によって高齢者のための環境は整えられたが、高齢者を支える家族と同居していない老老・独居世帯や同居家族に問題がある高齢者や生活保護を受けながら介護サービスを必要とする高齢者が増え続けている。[2] 生活保護受給の要介護者は、生活保護者専門の有料老人ホームや無届施設など、行政によって転々とさせられる介護難民がいる。生活保護受給者が入所している有料老人施設の四割は、改善が必要といわれている。[3]

ａ　公と地域の支援

・　高齢者支援

名古屋市健康福祉局は、主に福祉電話の貸与、緊急通報事業、消防安心情報登録制度、日常生活用具の給付、生活援助軽サービス事業などのサービスを行っている。

また「認知症になっても　安心して暮らせる　なごや」を目指して、認知症の人や家族を支援するため、いろいろな取り組みを行っている。その一つとして認知症の正しい知識をもち、認知症の人や家族を身守り、支えるための「認知症サポーター養成講座」を開いている。[4] 毎月平均六百人が受講。

高齢者支援は福祉課や介護職員らに任せきりではなく、広く市民が協力していく体制を整えている。

・　独居老人の見守り

名古屋市では六十五歳以上の一人暮らしの高齢者の生活や福祉、一身上の問題などの相談を行うために、高齢者福祉相談員が訪問活動を行っている。

民生委員は独居老人の状況を把握するために、訪問による調査を行っている。個々の「ひとり暮らし高齢者世帯基本調査票」を基に、災害発生時の要援護者や独居老人の施策の参考にしている。

名東区では災害時に支援が必要な人を、学区連絡協議会に名簿を提供することによって、日頃の身守りや災害時に安否確認や避難支援が実際に機能する仕組みを作ることを目指した「めいとう総合身守り支援事業」を進めている。自治会によっては「みまもり隊」を結成し、高齢者の安否確認をはじめている所もある。

・成年後見制度、医療、介護の相談

福祉課・福祉係・社会協議会は、成年後見制度、医療、介護などの相談に乗っている。成年後見制度は認知症や判断能力が衰えている、あるいは将来衰えそうな人に代わり、第三者の後見人が財産管理をし、施設入所契約などの法律行為を代行する制度がある。(5)

・地域の交流の場

学区地域福祉推進協議会は「学区サロンなでしこ」、公立福祉施設有志職員は「かいごカフェ」を毎月、開催している。年令性別を問わず参加でき、地域の人々の交流の場になっている。内容は介護の話や資料展示、福祉相談、読み物、手芸、体操、菓子作り、カラオケなど催している。

・高齢者共同居住事業

名古屋市住宅供給公社では、平成二十三（二〇一一）年から高齢者が安心して暮らせる新たな住まいとして「高齢者共同居住事業」を試行している。この事業はNPO法人などの生活支援（生活相談、健康相談、共同生活のルールづくりの支援）を受けながら、高齢者、単身者が複数人で共同生活を送っている。

また同事業で名古屋市住宅公社の高齢者や障害者に、無料で非常警報装置（便所、台所、居室に押しボタン）、手すり（浴室、便所）の設置、ドアノブの付け替えを行っている。非常押しボタンが鳴った時は隣近所の住民に、通報した人の安否の確認、連絡がつかない時は警察、消防、住宅供給公社への通報を勧めている。(6)

・　遺言書

死後トラブルの原因になるのが、遺産相続である。公証人役場では遺言書を作成している。遺言書は一般的に「自筆証書遺言」と「公正証書遺言」の二種類ある。自筆証書遺言書は自分の手書きで作成する遺言書で、通常は弁護士などに保管を依頼する。公正証書遺言は本人と二名以上の証人の立会いの下、本人の口述で作成される。(7)

・　民生・福祉葬

身寄りのない人や生活保護を受けている人の葬儀は、都道府県の知事や市町村長が行う。名古屋市では市と提携している葬儀社が、「民生・福祉葬」を提供している。施行率は一％。

・　無縁仏

平成二十一（二〇〇九）年、厚労省の調査によると、六十五歳以上の独居老人は、全国で男性が百二十九万人、女性が三百三十五万人いる。全国で孤独死は独立行政法人都市再生機構（UR）の調査によると、男性四百十六人、女性百九十七人。名古屋市の調査によると、無縁仏は名古屋市で男性三百三十九人、女性八十九人。無縁仏の八割近くが男性で占めている。(8)女性は家族や親族、友達、地域住民らといつまでもつながっているが、男性は定年退職後、社会と隔絶するため、孤独死や無縁仏の確率が高い。無縁仏の遺骨は親族がわかると連絡をするが、引取りは年間十数件に満たないという。

b　NPO法人の支援

身寄りのない老人や障害者ら弱者の問題を解決するために、大学教授、弁護士、司法書士、僧侶、市民らが集まり、NPO法人「きずなの会」（名古屋市東区）を、平成十三（二〇〇一）年に発足した。

きずなの会の支援事業は①高齢者生活支援（身元保証支援、万一の時の事務支援、希望に応じた随時支援）②葬送支援（葬儀、納骨、墓地管理、または墓石撤去・遺言管理支援）③法律・税務支援（金銭預託、または金銭管理契約、遺言書作成、任意後見契約、遺言執行・相続税申告）④財産、墓などの承継引受け及び維持管理支援など行っている。[9] 中でも身元保証支援に対する利用ニーズが急速に高まっているという。

いずれもかつては身内が行っていた老後や葬儀、死後の手続き、手伝い、後始末、支援、支払い、管理などを、家族の一員となって活動している。同様の支援団体は他の市にもあるが、入会金や会費が払えないということで、入会を止める人がいる。

c　業者の支援

葬祭業者や石材店、霊園、信託銀行などは、顧客の相談を受けている内に、営利目的だけでは済まなくなってきた。

・　法的手続き

銀行は無料相続の開催や相続発生後の手続きのサポートに関する提携先の紹介、生前の相続対策コンサルティングに関する提携先の紹介を行っており、利用者は年々増えているという。

葬儀社や石材店、霊園でも、相続・相続税、遺言、任意後見制度、生命保険、老後の生活、死後の手続き、死に関するセミナーの開催など行っている。

・　互助会のサポート

冠婚葬祭互助会は顧客の家に、地区担当員が定期的に訪問し、相談や要望をいち早く聞いている。地区担当員は葬儀に関する事前相談はもとより、独居老人に対して、法的手続きの相談や別居の家族の連絡先を確認し、万が一の時に備えている。

・　墓参代行業者

最近は核家族化で墓を個人で管理するのが困難になってきた。特に高齢者は思うように墓参ができない。そうした現状を考えて墓参代行業者が現れた。同業者は依頼者に代わって墓石の掃除をし、花と線香を供えて墓参する。後日、依頼者に墓の写真を郵送する。その他、石材店や便利屋、地域ボランティアも墓参代行を行っている。

・　便利屋

最近、「便利屋」という業者が登場し、困りごとに対応している。例えば網戸の張替え、水漏れ修理、墓の清掃代行、汚れ部屋の片付け、家具の移動、生前整理、草刈り、枝切り、ハチ、ゴキブリなどの虫の駆除、トイレの清掃、話し相手、悩み事の相談など行っている。特に高齢者の利用が多い。家族のいない独居老人のためには、レンタル家族が派遣され、利用者の娘や孫になって、掃除、洗濯、料理の他、時には旅行の供をしている。利用者はレンタル家族と知りつつも、一時あたたかい家庭を味わっている。

d　高齢者支援の変化

老人施設と保育園は別々の施設であるが、中には幼老複合施設を設けている所がある。同施設では幼児と高齢者が共に食事や遊びや助け合いをしながら、最近見かけなくなった孫と祖父母の関係を築いている。幼児の保護者たちは

「礼儀作法を学べるので良い」、高齢者の家族は「生き生きしてきた」と喜んでいる。

また保育園の中には、高齢者を保育士として採用している。高齢の保育士たちは、日々、生き甲斐を持って園児と接している。

さらにある老人施設では、蕎麦屋を営んできた利用者に食堂で蕎麦打ちをしてもらい、大工をしてきた利用者には、施設の修繕を依頼して、それぞれ給料を支払っている。

一般にデイサービスは、施設側の計画通り利用者が一日を過ごすことが多いが、ある施設では利用者自身が菓子作りや手芸、カジノ、囲碁、読書、昼寝、おしゃべりなど、一日の計画を自分で立てて過ごしている。

このように高齢者をただ預かる施設から、高齢者に生き甲斐を持たせ、以前と変わらない生活をしてもらう施設へと変わってきた。

註

（1）名古屋市『居宅介護支援事業所ガイドブック』二〇〇九年、五頁。
（2）「中日新聞」二〇一〇年四月一日付日刊。
（3）前掲紙、二〇一〇年四月一日付日刊。
（4）名古屋市社会福祉協議会編「認知症サポーター養成講座」二〇一五年、一頁。
（5）名古屋冠婚葬祭互助会『ふれあい倶楽部八八号』二〇一一年、二―三頁。
（6）名古屋市住宅公社編「住宅だより・第五六号」二〇一二年六月十八日付。
（7）名古屋冠婚葬祭互助会『ふれあい倶楽部八八号』二〇一一年、二―三頁。
（8）「中日新聞」二〇一〇年六月十二日付夕刊。
（9）ＮＰＯ法人きずなの会説明書。

二　ホームレスの支援

厚生労働省が平成二十六（二〇一四）年に公表した全国のホームレスの実態調査結果によると、愛知県内のホームレスは三百八十人で、前年から五十九人減り、リーマンショック直後（二〇〇九年）以降、五年連続で減少しているが、大阪、東京、神奈川に次いで全国で四番目に多い。(1)

最近のホームレスは若年化しているという。若者を支援している東京の「もやい」の元事務局長・湯浅誠氏は「貧困」について、次のように分析している。

①お金の溜め＝貯金、収入がある②人間関係の溜め＝家族、友人、近所との支え合い③気持ちの溜め＝自信と分析している。「あらゆる溜めをなくした状態を貧困」といっている。(2)このあらゆる溜めをなくした人は、「社会」という群れから離れて孤立してしまうという。

人間が生きていくには、経済的にも精神的にも自立し、社会の一員として、責任ある行動を取らなくてはいけないが、口でいうほど容易いことではない。

愛知県一宮市の「のわみ相談所」（三輪憲功所長）は、ホームレスに炊き出し、生活支援、自立支援、ボランティー(3)チャーの派遣など実施している。平成二十五（二〇一三）年現在、三十二人が入所。入所者は天涯孤独者が多いので、死後も共に居られるように、共同墓地がある。入所者たちは同相談所と縁を持つことによって、永遠の家族となっている。

註

（1）「中日新聞」二〇一四年四月二十六日付日刊。

（2）前掲紙、二〇〇八年三月二十五日付日刊。
（3）貧困や差別（外国人）で、学校に行けない子を訪問し、指導している。前掲紙、二〇一三年三月十八日付日刊。

三　病んだ心の支援

（一）教誨活動

戦後、憲法の改正により官制の教誨制度が廃止され、昭和二十三（一九四八）年から民間の宗教者に教誨師が委ねられるようになった。昭和五十九（一九八四）年四月一日現在の愛知県教誨師会の宗教区分は仏教関係者三十五人、神道関係者十人、キリスト教関係者八人である。会員は中部教誨師連盟（愛知、三重、岐阜、福井、石川、富山）や愛知県教誨師会に加入し、名古屋刑務所、名古屋拘置所、豊橋刑務所、瀬戸少年院などで、教誨師として活動している。名古屋刑務所の教科行事予定によると、日曜日以外毎日午後に一時間新人教育（一般教育）、篤志面接員による茶道教室、釈放前教室、身の上相談、丹羽呼吸健康法指導、保護相談、覚醒剤教育、宗教教誨師の宗教教育など行っている。中部教誨師連合は、毎年各県で大会を開き、研鑽の場を通して、互いに宗教を越え、同志としての連帯を確かめ合いつつ、明日への教誨の意欲と方向を自ら確立している。

毎年、七月は法務省主唱で「社会を明るくする運動」を実施し、長年、教誨活動に貢献した教誨師に、名古屋拘置所々長から感謝状が送られる。中には秋の褒章で授章している教誨師もいる。

愛知県教誨師事業の充実発展に資するために、会費を納め、愛知県教誨師会や教誨師研修事業、教誨事業などへの協力と広報、県下矯正施設への援助協力、その他教誨及び矯正教育への援助協力などの事業を行っている。会員は宗教者、実業家、主婦らが加入している。

（二）いのちの電話

「いのちの電話」は一九五三年イギリス・ロンドンで、チャジ・バラ牧師が、一少女が初潮を梅毒と誤解して自殺したことを悲しみ、自殺予防を志して「ザ・サマリタンス」（よき隣人）を組織し、相談活動を行ったことに始まる。

一九六三（昭和三十八）年オーストラリア・シドニーでは、アラン・ウォカー牧師が「自殺予告」の電話を受けたことが切っかけで、電話によるカウンセリングを思いつき「ライフ・ライン」を創設した。

名古屋刑務所において、長年教誨活動をしてきた西本願寺名古屋別院の吉川輪番を表彰

その他ニュージランド、アメリカ、カナダ、西ドイツ、スイス、オーストリア、フランス、イタリア、ベルギー、オランダ、スカンジナビア諸国、ポーランド、ハンガリー、チェコスロバキア、ロシア、中国、韓国に設置している。日本も昭和四十六（一九七一）年十月、東京に「いのちの電話」を開設した。以後、各地で三十一のセンターが開局し、相談活動を展開している。名古屋は昭和六十（一九八五）年七月、日本では二十三番目に開設した。同電話の役員は教会の司祭、神社の宮司、寺院の住職、各宗派の青年会、大学教授、幼稚園々長、ニュースキャスター、自殺予防学会の理事らが務めている。

相談員は一年間養成講座で学び、認定を受けた後、活動をする。約百六十人の相談員が一日四交代で、午前十時から午後十時まで、三百六十五日電話相談に応じている。相談内容は人生、家庭、夫婦、男女、対人、病気、教育などの問題。相談件数は二万件以上。相談者は二十代から三十代が多く、自殺志向率が上昇している。現に平成十二（二〇〇〇）年から毎年自殺者は三万人を超えている。彼らは遊ぶ友達はいても、悩みを相談する友達がいないため、一人で苦しみ、自殺を選んでいる。

以上、高齢者、ホームレス、犯罪者、自殺願望者らの社会支援の現状の一部を見てきた。家族に代わって公の機関、NPO法人、業者、教誨師連盟、相談員、施設のスタッフ、地域住民らが支援している。ただ困窮者が望むことは、設備が整っていることよりも、支援者のあたたかさである。

生きる意義

前項の如く介護保険制度が始まって以来、高齢者支援は整ってきたが、中に入れば介護者の心のあり方が問われることがある。介護に限らず、人と人との関係は、心を抜きに考えられない。

ここで日本が真の個の社会、つまり「自立した個人の集合体」になるために、仏教学から人間の「生きる意義」を模索したいと思う。前項で社会福祉学、本項では仏教学を取り上げるのはあまりにも散漫な感じがする。しかし宗教を究めれば科学に、科学を究めれば宗教に行き着くということである。人間の研究は歴史学、民俗学、人類学、教育学、心理学、宗教学、仏教学、社会学、社会福祉学など挙げられるが、究めれば垣根は取り払われるはずである。身勝手な解釈かもしれないが、「人間科学」ということで進めていくことにする。

一　観音曼荼羅

「人間は何のために生きているのか」と問われて、応えられる人はそんなにいないと思う。そこで仏教の仏・菩薩の内、仏になるため日々、精進している観音菩薩を取り上げていくことにする。

菩薩はボーディサットヴァ（bodhi-sattva）菩提薩埵の略で、釈尊の前生時代の呼称としてジャータカ（本生譚）の中で用いられている。[1] 大乗仏教興起後、大乗の人々が自分も仏になる身として用い始めた。菩薩は上に向かっては菩提を求め（上求菩提）、下に向かっては衆生を教化する（下化衆生）。菩薩の中でも観音は、次の世で仏に成る一生補処の菩薩である。

(一) 多面多臂の思想

「観音」はシンプルな聖観音だけでなく、頭上に十一面を有する十一面観音、多面多臂の千手千眼観音などある。「東洋のマリア」ともいわれている観音が、何故、グロテスクな姿をしているのか、不思議に思う人が多いと思う。多面多臂の神について『バガヴァット・ギーター』（伝統的聖典）に「われを見る。多くの腕・腹・口・目を有し、一切方に向かって無限の形相を示す卿を。われを見ず、卿に終わりあり、中間あり、はた始めあることを、一切の主宰者よ、一切の形相を有する（神）よ」[2] と讃えている。多くの腕・腹・口・目を有し、一切方に向いている姿は、無限の形相を示している。多面多臂の観音も、宇宙の永遠絶対の真理を衆生に示しているようである。

(二) 十一

また観音の種類や霊場など、十一面観音、三十三所霊場、千手千眼観音など、十一、三十三、千という数字で表されている。

十一面観音は頭上の中央に中尊仏、右三面は狗牙上出面、左三面は瞋恚面、正面三面は菩薩面、後一面は大笑面が配置されている。十一面それぞれが、阿弥陀仏のついた花冠を被っている（『十一面観世音神呪経』[3]）。

十一面の梵語 Ekadaśa-mukha は「十一の方を向いている」という意味がある。十一について『リグ・ヴェーダー』[4]

(インド最古の文献)に「天において十一あり、地において十一あり、偉大をもって水に任めるもの十一あり」と三界の各界に十一あると記してある。また仏典の『解深密教』「地波羅蜜多品」には「一には世俗の相、二には勝義の相、三には菩提分法所縁の相、四には行相、五には自性の相、六には彼の果相、七には彼の領受開示の相、八には彼の障礙法の相、九には彼の随順法の相、十には彼の過患の相、十一には彼の勝利の相なり」「十一をもって決了し、分別して諸法を顕示する」と説いている。[5] 十一面観音の十一の相を当てはめると、外側の第一の尊像を観て、迷いの世界を認識し、第二の尊像に意識を上昇させて、最高の真実を認識する。……衆生は順次意識を上昇させて第十一の中心尊に辿り着いて、一切を超越した経験をすると解釈できる。十一面観音は、衆生に宇宙の真理を順次解らせるために、十一の方向を向いているようである。

(三) 三十三

『法華経』「普門品」に観音は衆生の声を観じて、仏身、梵王身、長者身、比丘尼身、童女身など三十三身に変身して衆生を救済すると説いている。[6] 一般にこの三十三身の応現身から、観音は三十三身に変身するとか、三十三所巡りが形成されたといわれている。[7]

先述の『リグ・ヴェーダ』に天・地・水それぞれに十一あるということを数字の概念で考えれば、三界は三十三ということになる。しかし三十三は数の概念ではなく、宇宙のヴィジョンそのものを「三十三」という数字で表わしているようである。従って三十三所観音霊場は、観音曼荼羅を表しており、巡ることによって宇宙の真理を悟ることができる。

(四) 千

『リグ・ヴェーダ』にプルシャ(原人)は「千頭・千眼・千足を有し、過去から未来にわたる一切であり、不死界

（神々の世界）をも支配するもの」[8]とある。これによれば千頭・千眼・千足を有するプルシャは過去、現在、未来、不死界を支配する神、つまり時間と空間を超えた無限の原理を表している。プルシャを千手千眼観音に当てはめて考えると、観音は無限の原理を衆生の視覚に訴えているようである。

註

（1）中村元監修『新・佛教辞典』誠信書房、一九六二年、四七七頁。
（2）辻直四郎訳『バガヴァット・ギーター』講談社、一九八〇年、一八三頁。
（3）『大正蔵』第二〇巻、一五〇頁下―一五一頁上。
（4）リグ・ヴェーダーは、ヴェーダー文献の中で、最も古く、最も重要なものである。アリアン人の宗教、神話、生活態度を伝える根本史料である。成立年代は紀元前一二〇〇年頃と推定されている。『高楠順次郎全集』太陽社、一九七八年、五〇頁。
（5）『大正蔵』第一六巻七〇九頁上。
（6）前掲書、第九巻五六頁上。
（7）「普門品」に説かれる応現身は、数え方によって三十四とも三十五とも数えられる。
（8）辻直四郎訳『リグ・ヴェーダー讃歌』岩波書店、一九七四年、三一九頁。

二　レヴェルに応じた教え

観音の姿を観ても、観音霊場巡りをしても、誰でも同じように仏の世界を悟ることはできない。観音はレヴェルに応じて、次のような手段を用いている。

（一）音と形の思想

観音の称号の一つ「観世音菩薩」は、「衆生の声を観ずる菩薩」という意味がある。つまり衆生が観音を認識して「観世音菩薩」と称名すると、観音は衆生の声を観じて姿を表すのである。観音の姿はわれわれの内にある仏への可能性（一切衆生　悉有仏性）が、称名という行法によって仏の姿を形づくるのである。これはタントラによれば生物であれ、無生物であれ、すべてのものは、ある周波数をもった振動音である。音と形は互いに関連していて、すべての音にはそれぞれ目に見える形が対応しているという。(1) 衆生の意識（周波数）に応じて、観音は聖、十一面、千手千眼などの姿を現す。タントラでは人体に霊魂と肉体の機能が溶け合う六個ないし七個のチャクラを置いており、意識が上昇するごとに、チャクラの振動数が増えて高いチャクラに導かれるという。多面多臂の観音の場合、面や臂の少ない観音と多い観音とでは衆生の意識が異なっている。観音の姿は衆生の意識に応じた姿である。つまりプラス（＋）の衆生は、マイナス（－）の宇宙に働きかける（↑）と、衆生のレヴェルに応じた姿が現れる（＝）。衆生は現れた姿を観て意識を上昇させると、次々よりレヴェルの高い姿が現れ、最終的に仏の世界を認識できるようになっている。

（二）観音の持物

観音はいろいろな持物を持っているが、伊達に持っているわけではない。観音の持物の代表である蓮華は、植物を象徴する「生命、豊穣、再生」など表している。蓮華が入っている壺は、水を置き換えたものである。壺から現れる蓮華は、宇宙の限りない生命力を象徴するものである。『法華経』や『観無量寿経』では、蓮華は仏が生まれる座と記されている。観音が蓮華を持つに至った理由として『金剛頂経』に「一切如来の法智神通の果を獲得するが故に授与された(2)」とある。一切如来の法智神通を獲得した観音は、最高の勲章である蓮華を授与されたようである。蓮華は法智神通のシンボルであり、その境地を蓮華に表そうとしているところに観音の深意がある。衆生は観音が持つ蓮華や蓮台を観て仏の世界を観想するのである。

衆生は観音の持物に導かれて意識を上昇させていくが、折角、高揚した意識も煩悩に阻まれて、なかなか上昇できない。そこで武器や縄で障害を除こうとする。色界での煩悩や不安を制して、はじめて仏の世界の美しさが見えて来る。

こうして意識を上昇させて頭上の中心尊に辿り着き、一切を超越した経験をする。衆生は頭上の中心尊まで意識を上昇すればそれで終わりではない。その観音は分解し、未分化な状態となる。しかし衆生の意識は上昇しており、より高い仏性の現れとして、前の観音よりレヴェルの高い観音が形づくられる。同様に観音の形相を観て意識を上昇させ、宝冠の中心尊に辿り着くと、観音はまた分解し、よりレヴェルの高い観音が形づくられる。こうして衆生は次々とより高い意識の現れとしての観音と出会い、最終的に永遠絶対の仏の世界に辿り着くようになっている。

(三) 観音霊場巡り

観音霊場巡りは、観音像を安置している寺院を順次巡る旅である。巡礼の場合、観音の世界を意識して「巡礼しよう」と思った時が菩提心を起こした時である。家を後にして霊場に向かっている時、巡礼者は観音の世界を意識している。第一番札所は、巡礼者の最初の意識の現れとしての観音の世界が広がる。一歩、一歩、山道、あるいは階段を登りながら、意識を高めて行くのである。本堂に着き観音像に出会うことは、巡礼者の意識に応じた観音が現れたことを表している。巡礼者は観音が持つ武器を観て煩悩や不安を制し、持物や多面多臂を観て仏の世界を順次悟り、徐々に頭上の中心尊に辿り着き、宇宙の真理を悟るのである。巡礼者が下山することは、人間の死と同様、未分化な状態になってしまうが、巡礼者の意識は高まっている。その意識の現れとして、第二番札所に辿り着く。巡礼者の意識は第一番札所よりも高まっている。高い意識は低い意識から再生したことを表している。このように巡礼者は意識を高めながら、順次巡り、第三十三番札所の本堂に辿り着く。三十三は先述の如く、宇宙のヴィジョンそのものを表している。仏の世界を悟った巡礼者の意識の現れとして三十三番札所の観音が現れる。巡礼者は最終的に観音の本地仏・阿弥陀仏と合一する。霊場巡りは観音像の観想と同様、巡礼者の意識の段階を示すものである。

（四）極楽浄土

観音像の観想や観音霊場巡りは、娑婆世界で体験する仏の世界、つまり阿弥陀仏の極楽浄土を観音が教化するものである。一般に極楽浄土は「西方十万億土にある」といわれている。梵文の『無量寿経』や『阿弥陀経』には極楽浄土の距離について、百、千、千万、千億と測り知れない量として示されているが[3]、色界の宇宙にあるのではない。『観無量寿経』によると、極楽浄土を観想する方法として、まず父母を供養するとか、菩提心を発するなど、三事の浄業をなし、日想、地想、宝池想など順次、極楽浄土の情景を想い浮かべる方法が示されている[4]。インド古来の瞑想の方法を『観経』では凡夫のために巧みに取り入れている。極楽浄土に対する意識は、善根を積んで来た人と悪業を積んで来た人とでは異なる。『観経』では上品上生～下品下生までレヴェルに応じた往生の方法を細かく説いている。衆生が極楽浄土を求めようとする段階の過程のなかで、自分の魂をどのように浄めていくかという道程を示している。その過程には観音、勢至ら善知識の導きによって、極楽浄土を体験することができる。

極楽浄土は単なるユートピアではなく、衆生が煩悩を焼尽しながら仏性を広めていく真実の世界である。先述の如く行者が阿弥陀仏を観想する想念プラス（＋）は中心核・阿弥陀仏マイナス（－）に流れ込む（↑）と、マイナスはプラスを取り合う引力となる。その過程が極楽浄土を形づくることになる（＝）。このことからも色界は空界の結果であるといえる。また衆生の想念が瞬時に阿弥陀仏に伝わるということは、宇宙は真空ではないということである。タントラでは宇宙全体は振動が織りなす複雑な蜘蛛の巣のようになっており、宇宙全体をサンスクリット語やアルファベットで図示されている。すべてのアルファベットが宇宙のカテゴリーと同時に二つのものが一つに結合していることを表している。行者はすべての文字に精神集中し、己と全体の結合を直観することである(5)。現代風にいえば宇宙全体はコンピューターシステムになっており、末端まで精密なコンピューターに制御されているということである。行者の称名や観想は、コンピューターを制御している者に伝わり、行者の認識によって、徐々に具体的な形を現す。いわば極楽浄土は空界であり、色界の人間には量り知れない世界である。色界に居ながら極楽浄土や阿弥陀仏を観る方法として、観音像の観想や観音霊場巡りで意識を上昇させることを勧めている。

以上、インド思想の中に入ってしまい、本題から外れてしまったようである。要は「人間は何のために生きるのか」ということが説かれている。つまり生きている間は、日々、精進し、最高を目指して生きていくことが大事である。簡単にいえば命が尽きるまで「魂を浄める」、あるいは「道を極める」ことである。肉体は滅びるが、高揚した魂は永遠で、新しい肉体を得て、また新たな人生を歩むのである。再び肉体が滅びるまで日々、精進して最高の生き方をする。こうした人生を繰り返し、仏の世界に到達する。自分も他人も真理を求めて歩んでいる者同士である。仏の世界を認識できない人には、手を差し伸べ、共に上を目指すことが人間としてのあり方である。「上求菩提、下化衆生」の菩薩行を一人一人が把握していれば、人と人との争い、あるいは国と国の争いは起きないはずである。菩薩行は人間だけではなく、動物も同じである。ただ動物はレヴェルが低いので、人間が慈しみ導かねばならない。それは弱者救済につながることである。この世のすべての生命体は、仏の世界に向かっている同志であると認識した時、この世に仏の世界が実現する。

無縁社会であっても、一人一人が菩薩道を実践すれば、旧共同体よりも強固な集合体となるはずである。

註

(1) アジット・ムケルジー『タントラ東洋の知恵』新潮社、一九八一年、五七—五八頁。

（2）『大正蔵』第一八巻二三一頁上。
（3）中村元、早島鏡正、紀野一義訳註『浄土三部経・上』岩波書店、一九六三年。
（4）『大正蔵』第一二巻三四一頁下。
（5）アジト・ムケルジー『タントラ東洋の知恵』新潮社、一九八一年、六四―六五頁。

最後の一瞬まで生きぬく

人間は「最後の一瞬まで生きぬく」ことが大事であるが、老後、認知症や寝たきりになる恐れがある。以前は家族や親類、隣近所の人々らが看とってくれたが、核家族化した現在、不可能となった。元気な内に抹消手続き、貯えた物の整理、病院の選択、葬儀の内容、納骨の場所、連絡先など、自分の意思を示し、人生を全うしなくてはいけない。

一　人間の死

（一）抹消手続きと挨拶

人が死ぬと、病死の場合は医師の死亡診断書、変死の場合は警察の検案書をもらって、役所（区役所、役場）で火葬許可証を受け取る。

葬式後、遺族は葬儀社の支払い、会葬者への挨拶、香典返しなど行う。続いて恩給・年金の停止、生命保険の請求、故人の名義になっている預金、不動産、光熱費、団地（同居者の場合）の名義変更など、次々手続きを行なう。納骨をする時は、戸籍謄本や住民票など取り寄せて、霊園の許可を得る。死者が現役の場合は職場、老人施設入所者の場合は同施設に挨拶に行く。これだけの手続きや挨拶を済まして、死者は肉体的、社会的、法的にこの世から抹消される。法的な死は、死者を悼むことよりも、書類上の死が優先している。

（二）死の分析

アルフォンス・デーケン氏は「死」について①肉体的な死②心理的な死③社会的な死④文化的な死がある。健康であっても、生きる意欲をなくしてただ生きている人は、心理的な死であり、現役から退き、誰とも接触のない人は、社会的な死であり、生活に何の潤いもない人は、文化的な死であると分析している。

「死の準備教育として」①知識レヴェル②価値観のレヴェル③感情のレヴェル④技術のレヴェルを身につける。

「死の過程の六段階について」①否認②怒り③取引④抑うつ⑤受容⑥期待と希望の六段階がある。

「死への恐怖と不安について」①苦痛への恐怖②孤独への恐怖③不愉快な体験への恐れ④家族や社会の負担になることへの恐れ⑤未知なるものを前にしての不安⑥人生に対する不安と結びついた死への不安⑦人生を不完全なまま終えることへの不安⑧自己の消滅への不安⑨死後の裁判や罰に関する不安があるなど。[1]

自分の死を全うするためには①持物への執着を断つ②周囲の人の許しを得たり、与えたりする③感謝する④さようならを告げる⑤自分の葬式方法を考える五つが必要と述べている。[2]

註

（1）同朋大学・ビハーラ研究会例会、一九八九年六月十七日。

（2）「中日新聞」一九九九年四月十六日付日刊。

二　終末ケアの研究会

科学的な方面から提起された「生と死の問題」について、昭和末期頃（一九八七〜八九年）から、全国各地で宗教者が宗教の側面から協力しようとするビハーラ運動を展開している。「ビハーラ」とは梵語で「休息」「遊行」「行楽」「娯楽」を意味する。

（一）ビハーラ研究会

愛知県では昭和六十三（一九八八）年から、ビハーラ研究会（死そして生を考える研究会）がスタートした。研究会は固定した会員組織はなく、誰でもいつでも参加できるようになっている。毎月の例会は同朋大学で宗教者、医療者、公務員、会社員、主婦、学生らが参加し、身近な人の死からの学びや終末看護の経験や自他の生命にかかわる体験など報告している。時には医師や死の問題を研究している内外の大学教授を講師に迎え、講演会を開いている。

平成二（一九九〇）年から東別院青少年会館と共催で「老いと病のための心の相談室」の相談員（デス・カウンセラー）養成の講座を開き、修了者は相談員として活動している。

（二）いのちを考える集い

同集いは医療と宗教を基盤にして「人生をもっと充実したものにしたい」という願いから、西三河地区を中心とした宗教者、医療者、教員、主婦らが集まって、平成元（一九八九）年九月に発足した。活動内容は年間、公開シンポジウム一回、公開講演会一回、例会四回、施設見学会、会報の発行など行っている。

生と死の問題に取り組むビハーラ研究会（同朋大学）

医療と宗教を考える公開シンポジウム

同集いでは癌患者の治療に当たった医師、癌告知後のアフター・ケアに当たった僧侶、肉親を看取った遺族の体験を通して、死の不安を超え、如何にして残りの人生を充実させるかを話し合っている。

（三）宗教と医療を考える会

昭和六十三（一九八八）年から愛西市立田町の浄土真宗大谷派随順寺で「仏教と医療」のシンポジュームを開いている。

名古屋市内の医師が開いていた「人間の生命倫理を考える会」に、平成二（一九九〇）年からビハーラ研究会代表者も同席して、医療と宗教の両面から、人間の生命倫理について意見交換をしている。

三　死の準備

（一）事前指定書

病院や老人施設では、事前指定を採用し、入所時や入所後に本人と家族、認知症の場合は代理（家族）に、入院が必要な時、どこの病院を希望するか、急変時に蘇生処置を希望するかなど聞く。内容は変更することができる。同書に従って病院や老人施設のスタッフは看取りを行っている。

（二）エディングノート

死に備えて「エディングノート」を書いておく人が増えてきた。同ノートには自分の経歴や自分の趣味、家系図、兄弟、子供、学校の思い出、知人のリスト、自分の介護と医療のこと、葬式のこと、埋葬と供養、自分の財産、預貯金の講座番号・カードの暗証番号、ペットのこと、大切な人へのメッセージなどを記入する項目がある。ノートに自分の人生や最期を書き止めることによって、最後の一瞬まで自分らしく生きることができる。

事前指定書もエディングノートも万が一の時の準備だけでなく、人生を見つめ直すためでもある。

（三）家財道具の整理

遺品整理の会社では、生前中、あるいは遺族の依頼を受けて家財道具を整理している。人間の死は肉体の始末だけでなく、生きて来た証でもある生活用品や住居、私財など始末しなくては死とはいえない。これまで生きて来た証を整理したのは、老人や死を宣告された患者ら、死ぬ覚悟ができている人であったが、最近は老いる前に整理する「老前整理」が増えている。老人も老前も生きて来た証を処分することによって、身も心もすっきりし、人生の再スタートができる。

（四）生前契約

a　生前契約サービス

以前は子供が親の葬式を出すのは当たり前であったが、独身者や子供のいない夫婦、血縁者と疎遠になっている人、親類に迷惑をかけたくない人は、自分の葬式は自分で準備しなくてはいけない。葬儀社は平成五（一九九三）年から、

「ＬＩＳＳ（リス＝リビング・サポート・サービス）」を始めた。このシステムは葬儀社の生前契約サービスで、生前に自分の望む葬式や死後の残務整理など契約することになっている。平成七（一九九五）年には東京海上火災グループ会社が出資した「ＦＡＮ倶楽部」、同八（一九九六）年には全日本葬祭協同組合の組織である「ｉｆ共済会」が相次いで生まれた。[1] ｉｆ共済会は「もしも」の際の相互扶助システムで、全国の「ｉｆ共済会」加盟店で利用できる。入会金一万円を支払うだけで①基本葬儀料の一〇％が弔慰金として受け取れる②葬儀に関する手続きや各種法律・税務などの相談ができる③生前契約ができるなどの特典がある。

ｂ　葬儀内容の契約

葬儀の事前窓口を平成七（一九九五）年からスタートした葬儀社では、月百件の問い合わせがある。まず相談されることは費用のことで、平均的な金額を聞く人が多いが、相談者によって何が平均になるかは一概にいえず、その家に適した葬儀を考慮している。契約内容はそれぞれ異なるが、葬儀の内容と金額、宗旨・宗派、遺影、焼香の順番、中には新聞広告まで作成する人もいる。身寄りのない高齢者の場合、葬儀社の顧問弁護士を立ち会いに葬儀費用を一切預けている。生前契約を結ぶのは、高齢者や大病を患っている人が多い。

葬儀社の中には、気軽に行けるスーパーやデパートに相談室を設けて、生前契約や相談に乗っている。平成六（一九九四）年から、「マルチビジョン葬儀相談室」を設けている葬儀社では、九つの画面に式場、宗派、祭壇、料理、返礼品など写真で表示され、最後にコンピューターが総費用を打ち出すようになっている。また見積もりをシュミレーションで詳しく説明した後、事前見積もりを作成している。さらに葬儀社によっては、情報誌やインターネットのホームページなどで葬式の情報の提供や葬式のマニュアルや価格表の配付け、僧侶による葬儀の講習会を開催している。

核家族化が進み「自分の生き方と死に方は自分で責任をもつ」ことが当たり前になってきた。しかし家族に囲まれて暮らしてきた日本人には慣れないことである。これまで死についてはタブー視されていたが、最近は先述の如く死についての研究会が各地で開かれ、あらゆる立場の人々が参加して、活発に意見交換をしている。葬儀社や老人施設、病院、遺品整理の会社なども、一人の人生の終わり方と向き合うようになった。ほとんどの生前契約者は、担当者に身の上話をして契約を交わすと、気持ちが軽くなり、残りの人生を有意義に送れるという。自分の「死」を考えることは、自分の人生を充実させることでもある。

註

（1）「中日新聞」一九九五年九月十五日付日刊。「ｉｆ共済会」パンフレット。

共生社会の精神

先述の如くかつて家は寝食の場であり、仕事場でもあった。家族は家長の下、先祖からの家業を、子々孫々受け継いできた。家も長い年月の間には災害、戦争、国家体制の変化、家族の不幸、後継者争い、不景気、商売敵が現れるなど、家業の危機が何度かあったはずである。どんな困難に遭遇しても乗り越えて来られたのは、先述の如く家族が共に先祖を祀って、結束してきたからである。今一度、家や国、企業の先祖供養を再考し、集団内の和の築き方の参考になればと思う。

一　同質者集団とその信仰

（一）家の先祖

日本人が先祖を大切にしてきたことは、正月や彼岸、盆、法事など先祖を迎えて供養する行事から伺える。例えば田の神を迎える奥能登の「あえのこと」は有名で、昭和四十年代（一九六五～七四年）によくテレビで紹介された。祝宮静氏の調査によると、正月前の夕方、主人が羽織・袴で苗代田に立ち「田の神様、お迎えに参りました」といって、あたかもそこに田の神がいるかのように手をかざして家まで案内し、家に着くと家族に「田の神様ござったぞ」と知らせると、家族は戸口まで出迎える。田の神を囲炉裏まで案内し、薪をくべ、主人は「じっくりあたたまってください」と慰労する。暫くしてから主人は、田の神様を風呂場に案内し、湯加減を見てから「どうかおはいりくださいい」と勧める。風呂から上がった田の神を、神棚や床の間に置かれた籾俵まで案内する。籾俵には神の依り代である榊や松が立ててある。そこに案内することによって、田の神が座に着いたとみなされる。膳に新米を炊いた小豆や汁、肴、甘酒をのせて供える。主人は一つ一つ「これは〇〇でございます」と説明して「ゆっくりお召し上がりください」と、丁寧に接待をする。汁が冷たくなったら食事が終わったということで、家族はお下がりを食べる。(1)

あえのことは田の神であるが、先祖という見方もある。昔の人々は「先祖のお陰で仕事が出来、家族が生活できる」と日々、感謝をしてきた。先祖に対する丁重な「おもてなし」は、こうした感謝と今年の豊作を願う気持ちの表れである。

ただ家業は、開拓者や創業者が伝えたまま受け継いできたわけではない。時代に応じて機械の導入や新装開店など行って継続してきた。家業には「先祖代々の知恵＋現家族の知恵＋子孫の知恵～」と、発展の過程が見られる。家業は「先祖代々之霊位」と同様、先祖代々の精進の合祀でもある。家業の発展過程は家によって異なるのは当然である。同じ商売でもA家とB家は規模も内容も違う。家族一人一人は自分のためでなく、家のために働いてきた。家族一人一人には個性がなく、家に個性があった。例え素行の悪い娘でも、「○○家のお嬢様」と尊敬された。また品の悪いことをすると、「お里が知れる」といった。そのため日常会話の中で、家柄や家族、親類の自慢をする人がいた。家は個人の価値を表す場でもあった。

現在は家族が別々の職場に勤めている性か、家族一人一人に個性があり、家には個性がない。当然、家族一人一人の発展過程はあっても、家の発展過程は見られなくなった。

(二) 日本国の先祖

「国家」は国の家と書くように、日本人はすべて「日本家」の家族なのかもしれない。では日本家の「創始者は誰か」、「日本の代々の先祖は合祀されているのか」という疑問が湧いてくる。まず日本の先祖を知るために『古事記』を紐解くと、太古日本の国土は固まっていなく、水に浮いた油のようにドロドロして、くらげのようにフワフワと浮いていた。そこに神々が生まれ天地創造を行った。伊邪那岐命と伊邪那美命の夫婦神は愛情によって大八州(淡路島、四国、九州、本州、対馬など)と三貴神(天照大神、月読命、建速須佐之男命)を生んだ。三貴神の内、天照大神は皇室の先祖と仰がれてきた。天照大神の子孫である天皇は、尊い存在ということで、明治政府は、天皇を現人神として国民に尊崇させた。

家の先祖と国の先祖の違いは、歴代の天皇と国民とは血縁関係がないということである。旧村落共同体の中には「禰宜筋」といって、代々村の神主を務めた家があった。天皇も同様に考えられる。現に天皇は国家と国民の平安と五穀豊穣を祈っている。全国民は日本家の家長であり、司祭者であり、現人神であった天皇を尊崇することによって結束していた。戦前まで国民に個性がなく、国に個性があった。そのため戦時中は「お国のために」といって、国に命じられるまま戦地に赴いた。戦後生まれの人々には、神風特攻隊や集団自決など、理解できないことばかりである。

戦後はGHQ（連合国司令部）の神道指令（国家神道廃止令）によって、国家神道は解体し、天皇は新憲法で「象徴天皇」となった。天皇の身分は曖昧となったが、首相任命式や閣僚認証式、信任状奉呈式など、新しい政権がはじまる時や新任大使が着任した時などに認証している。天皇は未だ日本の家長や司祭者としての役割を果たしているが、国民にはそのような意識はない。現在は国民一人一人に個性があり、国に個性がないため、国民に「日本人」という誇りが薄れている。

(三) 企業の先祖

日本の企業の中には、創業三百年の会社がたくさんある。それは世界でも希という。老舗の店や大企業の創業者は、近江商人が多い。例えば大丸百貨店、高島屋百貨店、西武百貨店、丸紅、オーミケンシ、日本生命保険、西川屋、大阪商船、三井船舶など切りがないほどある。

一般に「大家は三代続かない」といわれるが、近江商人の企業は、明治から昭和の激動の時代を乗り越えて、日本経済を支えてきた。

小倉栄一郎氏の研究によると「近江商人は先祖と暖簾を大事にする」[2]という。農家の「先祖代々之霊」は開拓者と代々の開墾者であり、店の「先祖代々之霊」は創業者と代々の店主と奉公人である。近江商人は「店＝資本は御先祖様からの預かりもの、店の繁栄は御先祖様のおかげ。子孫は勤勉でもって御先祖様の恵みに報いる」[3]と感謝し精進してきた。

店（会社）の「先祖代々之霊」は死んでもなお店を見守っている。主人は先祖から受け継いだ店をより繁栄させて、後継者にバトンタッチする義務がある。店が永遠に繁栄するために、息子に経営手腕がないと思えば、身内の情に流されることなく、有能な養子を後継者にした。長年勤めた真面目な奉公人には「暖簾分け」といって、店を持たせた。

店の暖簾は奥を隠すためではなく、本家を中心とした「暖簾を共にする集団」を表している[4]。店の主人やその家族、奉公人が悪事や信用を失すことをした時「暖簾に傷がつく」といった。店の者の一度の過ちが、一瞬にして店を潰すことになる。以前、ある老舗の和菓子屋が営業停止処分になった時、社長は「御先祖様に申し訳ない」と嘆いていた。テレビのコメンテーターは「御先祖様ではなく、お客様に申し訳ないのではないか」と批判していた。普通に考えればコメンテーターのいう通りであるが、社長の言葉は何百年と続いた店だからこそ、自然に出てきたと思われる。創業者や代々の店主や奉公人が築いてきた店を、現社長の代で潰してしまうことは、創業者や代々の主人や奉公人に申し訳ないことである。社員一同、「先祖代々之霊」に感謝し、日々、精進して、後継者を育ててきたことが、創業三百年の店を築いてきたのである。

かつて「企業戦士」とか「会社人間」といわれた人がいた。彼らは戦前の「会社あっての自分そして家族」、あるいは「家や国の恩は量り知れない」という教育を受けてきた人々である。戦後数十年で高度経済成長を果たしたのは、こうした戦前の教育を受けてきた戦士たちが結束し、精進してきたからかもしれない。

少し前まで日本人は、「〇〇家」の家族、「〇〇大学」の出身者、「〇〇会社」の社員という誇りを持っていた。その中には他者を寄せつけない排他性があった。日々、構成員共通の先祖や創始者を敬い、集団の名に泥を塗らないよう精進してきた。しかし現在では集団の構成員という誇りが薄れている。一人一人バラバラで「自分だけ良ければ良い」という考え方は、代々の先輩が築き上げてきたことを軽視し、後輩を育てることもできないように思える。

註

（1）祝宮静『日本の民俗行事』桜楓社、一九七二年、一一八―一二〇頁。

（2）小倉栄一郎『近江商人の系譜』社会思想社、一九九〇年、一一八頁。

（3）前掲書、一一九頁。

（4）大塚民俗学会編『日本民俗事典』弘文堂、一九七二年、五五八頁。

二　異質者の受け入れ

（一）同質者と異質者

長い歴史の中で「自分と他人」「構成員と余所者」、「自国と他国」「同行と異教」「味方と敵」という同質者と異質者の関係は、常に争い事の種であった。また職場においては同じ派閥（専務派、常務派）同士、あるいは仲よしグループが仲間意識をもって結ばれているが、他の派閥加入者はその中に入ることができない。それは動物の群れが外敵から身を守るために、自然発生的に起きた感情と似ている。

第一部で述べた如く、地下は排他的で、イリアイケンのない家の加入は認めなかったが、「郷に入りては郷に従え」で、余所者も同じ色合いに染まれば受け入れられた。構成員も余所者もこの土地で「共に生きよう」という共生の精神がかつての日本にあった。

現在は移住者も、すぐに町内会に加入できるが、「町内会々員」としての強い結束力はない。個の社会は一人一人に個性があり、集団に個性がないため、バラバラでまとまりのない社会である。その中でサッカーや野球のチームのように、監督を信頼し、選手一人一人がベストを尽くすチームは強い。選手たちは、リーダーや仲間とのつながりの中で、生きていることを理解している。

（二）悪を祀る神社

日本の神社は伊勢神宮や熱田神宮のような、格式の高い神社ばかりではない。平将門のように悪人と思われている人や、菅原道真のように恨みを残して死んでいる人、雷や蛇など人に害を及ぼすものを祀っている神社もある。第一部で述べた如く、地下では害を及ぼす恐れのある新亡や横死者、餓鬼などの荒霊は、村人が共に供養することによって、除々に穏やかな霊となっている。荒霊は嫌われる存在であるが、和霊になれば受け入れられた。

日本に生まれた者は、善人であろうと悪人であろうと、死後、人々の供養を受けて和霊となり、地域や国の守護神となった。

いつの時代も「悪」というレッテルを貼られた人や敵を受け入れにくいが、それを乗り越える方法があった。例えばスポーツは勝ち負けを重要視するので、時には相手のチームを「悪」と考える場合がある。しかし平成二十六（二〇一四）年八月に、第五十九回全国高校軟式野球選手権の準決勝で、崇徳（広島県）は中京（岐阜県）に負けたにも関わらず、決勝戦で戦っている中京に惜しみない拍手を送っていた。敵をいつまでも「悪」と思わずに、尊敬することの大切さを、高校生から学ぶことができた。

三　共生の精神

人と人とのもめ事は職場で起これば、仕事に支障を来たし、他国と争えば経済に響き、悪化すれば戦争になってしまう。国や時代を問わず、他人や他国など異質者との和は大切である。

（一）和を以て貴しと為す

旧村落共同体は構成員を規制するために、厳しい掟があった。しかし罰則は人々に恐怖を与えるだけで、人心をつかむことはできない。聖徳太子の十七条憲法に「和を以て貴しと為す」とあるように、「和」の精神は奈良時代すでにあった。戦国時代はどこかに追いやられていたが、泰平の世になった江戸時代に再び表面化してきた。和は人間だけでなく動物とも築いていたようである。例えば『桃太郎』や『金太郎』、『したきりすずめ』などのおとぎ話や、猫を擬人化した浮世絵（歌川国芳）などからも、動物との共生も理想としていたようである。また先述の如く余所者や悪霊など害を及ぼす者（霊）も、共同体に適した人や霊になれば、受け入れられた。現在は他人に興味がなく、他人と良い関係を持つ努力をしない。そして自分には甘いが、他人の非を認めようとしない。そのため人に迷惑をかけると責められるのが常である。そんな時「おたがいさまで」といわれたら、どんなに救われることか。ある国では試合に負けた選手に、物をぶつけていたが、日本では「感動をありがとう」と書いたプラカードを持って拍手で出迎えていた。例え結果が悪くても、相手を許し、慰労する気持がなければ「和」は築けない。人との和はどんな時代でも大事なことである。ただ「触らぬ神に祟りなし」「長いものに巻かれろ」と、強い者に逆らわない消極的な面がある。また「いわぬが花」「短気は損気」と、相手に怒りを感じていても、口に出してしまえばそれまでということで我慢をしてきた。そして人と衝突をした時は、第三者が中に入って「とりなし(1)」た。このように日本人は、人と感情の行き違いがあっても、互いに許し合うことが大事であると心得ている。

しかし「人を見たら泥棒と思え」といわれているように、他人を軽々しく信用してないにも関わらず、和を保つために「心を同じゅう(2)」してきた。

(二) 絆

平成二十三（二〇一一）年三月十一日の東日本大震災以後、「絆」という言葉をよく聞くようになった。アメリカの救援部隊は「絆」や「友」と印刷されたTシャツを着て活動を行っていた。「絆」は親子、兄弟、夫婦、義理の親子・兄弟、友達ら、仲間同士の深いつながりをいう。特に親子は切っても切れない深い愛情で結ばれており、何人も入ることはできない。加茂五郷では実の親子の他に、地下の構成員同士で擬制的親子関係を結び、生涯、実の親子、兄弟と同様の付き合いをしてきた。

「友」というと、現代人は学校や職場の仲の良い人を連想するが、学校も職場（貴族、武士、商人以外）も行っていなかった昔の人々にとって友とは、村の仲間であった。例えば伊勢湾の神島や答志島には、男子が中学校を卒業後、結婚まで共同生活をしていた「寝屋」という若者宿があった。寝屋の主人を「寝屋親」、若者たちを「寝屋子」と呼んだ。寝屋親は寝屋子の世話をし、先輩は後輩に漁の技術や娘遊びの指導をした。加茂五郷の船津町でも昭和三十八（一九六三）年までは、若者宿があった。若者が結婚する時は「部屋別れ」といって、金や菓子を青年団に持って行った。青年団の若者たちは結婚式場まで出かけて行き、「おめでとう」といってひやかした。若者たちは共同生活を通して、他人を気遣い、いざという時は一つにまとまった。

(三) 相互扶助

第一部で述べた如く旧共同体の構成員には「ユイ」といって、共有財産の山や田、墓に通じる道などの共同作業が課せられていた。葬式の折は組が中心となって手伝った。隣近所の人々とは「困った時はお互い様」といって、みんなで助け合った。明治、大正生まれの人の話によると、砂糖や塩、米などがなくなると近所に借りに行き、親が忙しい時や病気の時は、その子供を預かったという。近所の人々とは家族同様の付き合いをしていた。

現在は人が倒れていても通り過ぎて行く人がいる。面倒なことに巻き込まれたくないというのが本音のようである。都市のマンションでは、隣にどんな人が住んでいるかもわからない状態である。

ところが被災地では今まで縁のなかった人々による炊き出しや物資の支援、医療チームの派遣などのボランティアによる活動が行われた。平成二十六（二〇一四）年八月二十日に起きた広島市の土砂災害の折には、全国からボランティアが集まり、当たり前のように各家の土砂を取り除く作業を行った。中には東北から「恩返し」といって、物資の支援を行っていた人もいた。昔の人が蒔いた「相互扶助」の種は、東日本大震災の津波が引いた後に開花したようである。

(四) おもてなし

先述の如く日本人は先祖を大切にしてきた。先祖が訪れるという正月や盆、彼岸には、現在でも仏壇に花や供え物をし、墓参りをする。先祖に対するおもてなしは、接客業に見られる。例えば旅館では客を迎えるために、部屋の掃除や花、調度品、食器、食材、身なりなど不備はないか神経を使っている。客が到着すると和服を来た女将をはじめ従業員一同玄関に整列して、「いらっしゃいませ」とにこやかに出迎える。部屋の担当者は客の荷物を持って部屋に案内し、茶を入れて慰労する。客は旅館の雰囲気や部屋、食事、風呂、布団、接客態度などに満足する。客が帰る時は従業員一同整列し、またの来館を願って見送る。一般家庭でも来客をもてなすために、数日前から部屋の掃除をし、床の間や玄関に花を飾り、土産の準備もする。宿泊する場合は布団、枕、シーツ、寝巻、食事などの準備をする。家族には客に失礼がないように注意をする。このように来客を大切にする気持ちは、来訪神に対する接待が基にあるようである。

最近、「おもてなし」という言葉をよく耳にする。例えば名古屋城の「おもてなし武将隊」は、結成以来大変な人気で、全国の城でも「おもてなし武将隊」「おもてなし姫隊」が結成された。武将や姫らは、来場者に踊りや案内でおもてなしを行っている。また平成二十五(二〇一三)年九月八日の国際オリンピック委員会(IOC)総会のプレゼンテーションで、プレゼンターが「お・も・て・な・し」という言葉を使って日本招致をアピールした。オリンピック開催を機に、日本独特の接客として「おもてなし」が世界に発信された。

日本の共生の精神は、かつての集の社会の中で自然に生まれた精神である。個の社会には不釣り合いな感じがするが、日本人の心の奥に存在するものである。日本人同士なら説明をしなくても通じ合えることである。共生の精神は先祖の教えであり、先祖を大切にする気持ちの表れである。今後、どんな時代になっても、日本人の心から消えることなく、人と人とのつながりを正常化してくれることと思われる。

註

（1）高橋こうじ『日本の大和言葉を美しく話す』東邦出版、二〇一四年、六四頁。

（2）前掲書、六三頁。

第二章◉教団の共生の精神

先述の如く社会福祉事業の現状は、中に入れば介護者の心のあり方が問われることがある。では精神面を重要視している教団の施設は、果たして問題がないといえるだろうか。

愛知、岐阜県内には「ボランティアの元祖」といわれた杉山辰子を教祖、あるいは先師と仰いでいる諸教団（法音寺、妙恩寺、大乗教、法公会、真生会）がある。辰子の思想や活動は、時代を越えて信者たちにどのように継承されてきたのか。諸教団の困窮者救済と一般社会の困窮者救済の違いを見出すことが、今後の社会福祉事業を考える上で、重要な鍵になるかもしれない（敬称略）。

一　教団のあゆみ

（一）仏教感化救済会設立

a　法華経開眼

杉山辰子は、慶応四（一八六八）年七月二十八日に、岐阜県羽島郡笠松町で杉山定七の次女として誕生した。

杉山家は代々名主の家柄で、明治時代は菜種油の精製加工や織布を職業としていた資産家であった。ところが辰子

仏教感化救済会会長・杉山辰子

十六歳の頃、家運が衰退し、十数万に昇る借財を残すに至った。辰子は父母が嘆く様を見て胸を痛め、岐阜県大垣市の妙法行者の鈴木キセを訪ねて教えを乞うた。キセに「徳は本であり、財は末である。仏法の功徳こそ不滅の幸福である」[1]と諭され、仏道修行に励む決心をした。これが法華経開眼への因縁となった。以後、辰子はキセの下で九年間修行をし、キセの片腕としてその任を果たすようになった。さらに明治二十五（一八九二）年から十年間、名古屋市東区小川町の日蓮宗本立寺で名倉順慶に法華経を学び、明治三十四（一九〇一）年から九年間、知多郡阿久比町の臥竜山に於いて水行断食や教義の勉強をした。

そんな折、辰子は西洋医術を身につけた牧静衛医師に出会い、医術を身につけている者の側には、人々が自然に集まって来ることを目にした。辰子は「どんな偉い人でも因果の理法を離れることはできない。病気になるのも、過去にそうなるべき種まきをしてきたからだ。例え薬の力を借りて一時肉体は健康になっても、因がなくならなければまた病気になってしまう。医者を頼って集まって来る人々に妙法の実行を教えて上げることができれば、その人は本当の健康になれる」[2]と悟った。しかし西洋文明崇拝の当時、宗教は非科学的と見られていたため、西洋医術と結びつくことは考えられなかった。折角出会った牧医師も人々の無知や迷信に悩まされてきた一人で、協力してもらえなかった。「誰か法華経に興味を示してくれる医師はいないか」と探した結果、愛知医学校（後の名古屋大学医学部）の村上斎医師に出会った。明治三十九（一九〇六）年、愛知県西加茂郡藤岡村白河に仏道と医術の両道による救済活動実現のための病院を開業した。医療は村上が担当し、辰子は法華経をもって人々を教化した。この間修行中に、一念三千の理と安立行菩薩の再誕を自覚した。病院の経営は順調であったが、宗旨を異にする村の僧侶や有力者の反対に遭い、村を追われる結果となった。

b　仏教感化救済会設立

この頃慈善事業は、松方正儀が明治二（一八六九）年に大分日田に養育館を設立したのをはじめとして、明治五（一八七二）年には横浜仁慈堂、明治十二（一八七九）年には東京に福田会育児院など創設した。次いで石井十次は岡山孤児院、石井亮一は狐女学校（精神薄弱児施設）を設立した。これら私的慈善団体は財政的基盤が弱かったため、明治四十一（一九〇八）年、中央慈善協会を設立して、全国的に統一し、事業を拡大していった。(3)

当時の政府も貧困者や病人をいつまでも放置しておけなくなり、ドイツやイギリスなどの施策を参考にして「感化救済事業」を考えた。これは青少年感化法と慈善事業などの救済事業を結合したもので、国が直接乗り出すのではなく、民間の行う事業を国が援助し、事業の指導者を国が養成しようというものであった。明治四十一（一九〇八）年に、わが国における社会事業従事者教育の創始といえる第一の感化救済事業指導者講習会が開かれ、感化救済事業に従事する人が増えた。(4)

辰子は法華経の心があってこそ、誠の感化救済となるとし、明治四十二（一九〇九）年、愛知郡清水町（後の名古屋市東区清水町）に「仏教感化救済会」を開創し、本格的な妙法広宣流布の活動を開始した。(5)

同会の沿革や目的と事業、使命と意義について、布教のための小冊子『世界の鑑』に次のように記してある。

仏教感化救済会の沿革

本会は、仏教の経典中、無限の真理を有する法華経の教義に基づき、去る明治四十二年一月に創設。爾来、一意専心仏道の鼓舞に努め、方今、識者の憂慮措かざる世道人心の退廃を救わんがため、窮困者に対しては施療、又は、物資を施与して、所謂「物資・精神」の両途より感化・救済の実を挙げ得たるが、近来に至り聊か救済の範囲を拡大して、去る大正十一年八月中旬、名古屋市内における貧困者八百余名に対して白米に金銭を添えて施与し、同年九月、東京市深川方面の水害罹災民二千余名に対して白米を施与し、同年十二月下旬には、名古屋市内及び東京市内並びに府下品川町貧困者数千名に餅を施与し、尚、東京市社会局を通じて金弐百円也を緊急救済の資に供し、又、今回の関東地方に於ける大震火災に際しては率先して救護に努め、避難民に対しては名古屋停車場に救護所を設け、九月九日より同月三十日迄、握り飯その他の飲食物を与え、当局より感謝状を寄せられ、又、震害地に出張して白米数十俵並びに、衣類・金銭を罹災民に親しく給与したるなど、これ等は本会事業としての前提に過ぎざるも、今後は更に範囲を拡大して、真に理想的の救済方法を講じ度い考えである。(6)

仏教感化救済会の目的と事業

一、本会は「仏教感化救済会」と称し、本部を名古屋市東区葵町に置き、支部を東京府下大崎町五反田、名古屋市千種町字中道、及び、大阪市郊外鶴橋町字岡に設置す。(但し、必要により各地に支部又は、出張所を増設す)

二、本会は、仏教を基礎として国民思想の善導、及び、感化・救済するを以って目的とす。

三、本会は、その目的を達成せんがために左の事業をなす。

イ、不良性者を収容して感化善導に努むる事。

ロ、医院を設定して貧困者を施療する事。

ハ、相談部を設置して、家庭上、又は、社会的煩悶を慰し、場合に因っては、相当斡旋の労を取る事。

ニ、救護部を設置して臨機の処置を取る事。

ホ、高徳碩学の士を招いて講演会を催す事。

ヘ、演劇・活動写真、又は、その他の方法を以って歓善懲悪の理を示す事。

ト、機関新聞、又は、雑誌を発行して国民思想の善導に資する事。
チ、仏教、及び、思想上に関する図書を臨時刊行する事。
右の中トは、相当時期を見て実行すべし。
本会の経費は、演劇・活動写真会等を開催し、又は、臨時出版物・機関新聞・雑誌、その他、機宜の事業より得たる純益金、並びに篤志家の寄附を以って充つ。(但し、寄附金は強要せざるものとす)
本会の事業は、その過去に於いて巳に然り、今後は更に努力して、社会救済に全力を傾注して、本会の趣旨を完成せんとする次第である。願わくは諸賢、本会が国家社会に致す微衷に御賛同ありて、一臂の力を吝む勿らん事を。

大正十三年三月

仏教感化救済会　会長　杉山辰子
顧問　村上　斎[7]

仏教感化救済会の使命と意義

自分に精神修養をすると共に、他人にも教えて善導に入らしむことは実に大いなる功徳であります。世界中の民衆に如何ほど財宝を与うると雖も、法を与えざれば、この民衆は現世安穏・後世善処と救わるることはできません。むしろ怠惰者となるでしょう。もし、一人の立派な人物を作れば、この人が次から次へと立派な人を作って、ついには、全世界を平和にすることができるのであります。この意義に則り、本会はまず自己の修養に努め、さらに進んで一般的にこれが宣伝をいたして、善道に導かんとするのであります。幸いなるかな皆様方がこの修養をせらるることは、誠に仏の仰せの如く、過去無量の菩薩を教化せられたる深徳の方々に外ならぬのでありま

して、人と生まれてこの上もなき本懐であります。皆様方を常々、善男子・善女子と合掌する所以は、これであります。(8)

こうして杉山辰子は法華経の精神をもって、世の人々を感化し、救済するために、仏教感化救済会を創設した。

(二) 菩薩道の実践

a 三徳の実践

辰子の教えは、法華経を中心とし、行住坐臥の唱題と六波羅蜜を凝縮した「慈悲 至誠 堪忍」の三徳を実行することによって、貪・瞋・痴の三毒を離れ、罪障を消滅し、貪・病・争の苦しみから人々を救おうとする。

この精神に立脚し、昭和三（一九二八）年、福岡にハンセン病療養所を運営した。続いて孤児院、養老院、診療所など次々建設し、救済活動を展開した。(9) 辰子は常に粗末な衣類をまとい、粗食を甘んじ、余財があれば困窮者救済のために使った。大正十一（一九二二）年八月三十一日付の「読売新聞」には、辰子のことを「女日蓮」と報じている。

b 三大誓願

昭和七（一九三二）年の新年を迎え、辰子は「三大誓願」を立てた。

我　閻浮提の太陽と成らん
我　煩悩を能く断ず
我　妙法を以って仏を成ぜん
南無妙法蓮華経　南無妙法蓮華経　南無妙法蓮華経(10)

と、成仏に向かって上求菩提、下化衆生の菩薩行に励んだ。辰子は自身の菩薩行について、信者に次のように説いている。

○私は世界中を平和にするものは妙法より他にないと信じ、仏様のみ教えをそのまま実行させて頂くのです。
○私の働きはみな世のため、人のための働きでなければなりません。
○人を教化する第一は、まず自分が身をもって実行することです。
○徳の力こそ一切を解決する根本です。お互いに人格を尊び合い、自分の一生を生かすよう、徳を積むことに努力しなければなりません。
○私達は常に煩悩の除滅に心がけて日常生活の中に、仏様の尊い悟りの道を歩みましょう。(11)

辰子の教えは、あくまでも理論に偏らず中道実践的で、因果の理法をふまえて、現実問題の解決に重点をおき、菩薩の心をもって、この世に寂光土（平和境）を建設することにあった。

（三）趣意書提出

施設の運営は必ずしも順調ではなかった。経済的にかなり困窮していた。そこで各界の有力者に次のような趣意書を提出している。

趣意書・仏教感化救済会

顧ふに社会慈善事業中我が仏教感化救済会の如きは頗る難事に尽瘁して居ります。仍玆に哀情を披瀝して有力なる各位の御義心に訴へ、其御同情御援助を得て本会の目的たる社会救済・人心浄化の実績を挙げんことを熱望して止まない次第であります。

惟うに時勢の進展に伴い、日一日と人心は悪化し世相は廃頽しつつあるのは寔に憂慮に堪えぬ処であります。世に社会事業と称して巨額の浄財を投じて以て之が救済に従事して居らるる方は尠くありませんが、併し徒らに物資を給与するような皮相的な膏薬的な方法だけで満足して、其の根本たる魂の救済を忘れたならば、未来永劫社会浄化の実績を挙げることは困難かと思います。

本会は茲に鑑みる所があって、世間の悩める人々、寄る辺なき孤児、夫に離れた寡婦、不良者、不治の病魔に侵されたる患者、等を収容し、物心両面より根本的に之を救済すると共に有徳の人士と協力して、一般社会の浄化に尽瘁して居る次第であります。固より之等の事業は全部施与でありまして一厘の経費も徴収しません。唯々本会長の私財と幹部員の持寄りにて今日まで支え来りましたが、何分涯のなき事業に対し微力なる私財を以てしては、到底所期の目的を達成することは不可能であります。茲に寛仁大度なる各位の一掬御同情を得、一投手の労を仰ぎ、以て社会浄化救済の大誓願を満足せんと欲するものであります。

一、仏教感化救済会をして当局に見認せしめ、且補助出願御援助の件

一、貴下の御揮毫を御願い申し、貴下崇拝の会員へ頒与し其浄財を以て本会の維持費に充当する。

一、本会事業進展上に付、御心附の点を御指導御鞭撻を仰ぐ事

右之段重ねて哀願仕候

謹言

昭和四年

仏教感化救済会　会長　杉山辰子

顧問　村上　斎[12]

これに対する受諾者は国士・頭山満、海軍大将・山本英輔、海軍中将子爵・小笠原長生、陸軍中将・高山公通、早稲田大学総長元文部大臣・高田早苗、京都帝国大学教授法学博士・神戸正雄、跡見学園長・跡見玉枝、日蓮宗管長・酒井日慎、民主党総裁男爵・若月礼次郎、名古屋市長・大岩勇夫、愛知県知事・山脇春樹、貴族議員伯爵・松平頼寿、

名古屋駅長・渡辺良夫、東宮侍従御歌所長子爵・入江為守、明治神宮宮司・有馬良橘ら二百四十五人で、いずれも各界の有力者の協力を得て、困窮者を救済した。[13]
昭和四（一九二九）年、「救済＝福祉」部門の拡大に伴い、「修養＝信仰」部門の専門・独立化が企画され、仏教修養団が結成された。昭和六（一九三一）年、仏教感化修養団に改称された。
辰子は昭和七（一九三二）年六月二十八日、六十五歳で逝去した。法華経の布教と困窮者救済に捧げ尽くした生涯であった。

（四）辰子逝去後の教団

辰子亡き後、教団は村上斎が継承し、仏教感化救済会は昭和八（一九三三）年仏教樹徳修養団、昭和十二（一九三七）年財団法人大乗修養団と組織を法人化し、日夜、布教に努めた。

昭和十七（一九四二）年、「宗教団体法」により、大乗修養団は宗教活動ができなくなった。やむなく解散するが、すべての機能は財団法人大乗報恩会に移行し、活動は継続された。

昭和十八（一九四三）年、治安維持法違反容疑で特高警察の捜査を受けた。会長の村上は高齢のため、常務理事の鈴木修学が五十八日間拘留された。教団の教化活動の一切は禁止され、全国各地の支部も閉鎖された。昭和十九（一九四四）年、財団法人昭徳会として養老院、孤児院、保育園、小児内科診療所、ライ病患者収容所などの救済部門は継続を許された。終戦直後の混乱期も、鈴木修学は多数の戦災孤児の養育に寝食を忘れて生活を共にした。

この頃東京支部長小坂井清五郎（啓陽、昭和四年まで福岡支部長）と三河支部長の杉崎貞次郎（法山）は、辰子の教えを守るために志を一つにして協議した。小坂井は要路の大官、名士との連絡や東京方面の信者の指導に当たり、杉崎は愛知県岡崎市で布教活動を続けた。その結果、海軍中将・小笠原長生の勧告もあって、昭和十八（一九四三）年三月二十六日、日蓮宗東郷寺の東郷至誠会に加入し、活動を続けた。[14]両氏は東郷至誠常任理事として、小坂井は東郷寺の管理、杉崎は東海地方を中心に妙法の弘通に邁進した。信者たちは戦時下の抑圧された時代でも、支部長を中心に結束し、難局を乗り越えた。

註

(1) 大乗教総務庁編『大乗教団史・七十年の歩み』一九八四年、一六四頁。
(2) 法音寺広報委員会編『安立行・上』一九九一年、一〇四頁。
(3) 宮脇順次、森井利夫、瓜巣一美、豊福義彦『社会福祉入門』ミネルヴァ書房、一九八〇年、五五頁。
(4) 前掲書、五五頁。
(5) 大乗教では仏教感化救済会の開創は、大正三(一九一四)年となっている。
(6) 法音寺『法音・一九八八年一月号』二四頁。
(7) 前掲書、二五―二六頁。
(8) 前掲書、二七頁。
(9) 法音寺パンフレット。
(10) 法音寺『法音・一九八八年一月号』二八頁。
(11) 大乗教『大乗教入信の手引き』一九八四年、表紙の裏面。
(12) 法公会『教祖杉山辰子大菩薩』一九九一年、一六一―一六二頁。
(13) 前掲書、一六一―一七〇頁。
(14) 東郷寺は東郷元帥の遺徳の鑽仰と戦没将兵と敵兵の菩提を弔うために、海軍大将・加藤寛治、子爵・小笠原長生らによって、昭和十五(一九四〇)年、東京多摩の府中に建立した寺院である。東郷も小笠原も共に法華経の信者であった。

二　分派後の諸教団

辰子が臨終の折に「この会はもっともっと大きく発展しますが、栗の毬のように内部から割らないよう」[1]と戒めている。しかし実際は次の六つの教団に分かれた。

(一) 国柱会系

a　法華道心教会

日蓮宗、名古屋市瑞穂区弥富ヶ丘町、信者数約千人。

法華道心教会

法華道心教会の開山・蟹江恒、はつゑ夫妻は、仏教感化救済会の信者であった。はつゑは昭和四（一九二九）年頃、恒は昭和七（一九三二）年頃入信した。夫婦で名古屋市昭和区船原町の坂角氏宅で布教を行っていた。ところが国柱会の田中智学の本を読んで、思想の深さを感じ、昭和十三（一九三八）年頃、脱会した。当時、弟子は四十人ほどいた。内、大乗修養団（元仏教感化救済会）から六人ほどついて来た。以後、特定の宗教団体に加入せず、夫婦で布教活動を行ってきた。昭和十六（一九四一）年、恒逝去。昭和二十一（一九四六）年、弟子の一肇が養子に入り、国鉄勤務の傍ら、はつゑと共に布教活動に励んだ。昭和三十一（一九五六）年、はつゑ逝去。一肇は弟子と共に名古屋市瑞穂区雁道町の自宅で布教活動を続けた。昭和四十四（一九六九）年、一肇は国鉄を退職し、布教活動に専念した。昭和五十一（一九七六）年、一肇は日蓮宗の僧侶となる。昭和五十三（一九七八）年、現在地に教会を設立した。平成二十三（二〇一一）年一肇逝去。蟹江一常が住職に就任する。

法話は毎月一回、十五日の正午から午後三時までと、午後七時から午後九時まで開いている。また二十三カ所の信者宅でも毎月一回、法座を開いている。法座の内容は、身近な問題を取り上げ、わかりやすく法華経や三徳の実践を説いている。また年齢性別によって、睦会（壮年会）、婦人会、若竹会（二十歳前後の男女）があり、勉強会や懇親会を開いている。

年中行事は二月十五日・開基法要、六月十五日・先師法要（教会設立する際の協力者五人）、八月十二日・盆法要、十月十三日・お会式。

社会事業として、昭和五十一（一九七六）年、岐阜県美濃加茂市に老人ホームを設立。収容人数約五十人。施設内に仏壇を置き、隔月に住職が法話を行う。同ホームでは利用者が、本当の仏法の中で生きることを目的としている。

法音寺・本堂

法音寺・本堂内での勤行

（二）法音寺系

a　法音寺

日蓮宗、名古屋市昭和区駒方町、信者数約三十万人。

法音寺は戦時中の苦い経験から、布教活動を存分にするには、既成教団に属さなければならないということで、昭和二十一（一九四六）年、日蓮宗に帰属した。昭和二十二（一九四七）年、村上斎逝去。鈴木修学は三代目会長に就任した。辰子の三徳宣布の再開を図り、日蓮宗昭徳教会を設立

法音寺・帰山式

妙恩寺

した。昭和二十五（一九五〇）年、大乗山法音寺と寺号を公称し、全国に二十五の寺院、教会を設立した。

同寺の特徴は辰子の「三徳の実践」に因み、第一に宗教法人日蓮宗法音寺は全国に四十一の支院や布教所で毎月定例講話日を設け、人々を成仏（本当の幸せ）に導くために布教活動を展開している。第二に社会福祉法人昭徳会は養護施設、精神薄弱児・者施設、保育施設、医療施設、特別養護老人施設など、二十一の施設と二つの保育園を運営している。第三に学校法人日本福祉大学（平成十五年法音寺学園を改称）は、日本福祉大学や同女子短期大学、同付属高校、同中央総合福祉専門学校、同高浜専門学校を運営している。(2)

昭和三十七（一九六二）年六月、修学逝去。四代目会長に鈴木宗音が就任。平成二十四（二〇一二）年十二月、宗音逝去。五代目会長に鈴木正修が就任した。

b　妙恩寺

日蓮宗、愛知県西尾市今川町馬捨、信者数約二千人。

妙恩寺の開山・鎌田行学は、昭和十（一九三五）年、母が逝去したのを切っかけに、仏教樹徳修養団（元仏教感化救済会）に入信した。戦後、法音寺の教化部に席を置き、法華経広宣のための不惜命の菩薩行に励んだ。昭和三十六（一九六一）年、弘通教化の拠点を西尾市寄住町に置いた。昭和四十六（一九七一）年、法音寺から独立し、日蓮宗妙恩寺を開創した。昭和四十八（一九七三）年、現在地に移転した。

信者は西三河地方に多い。同寺は「家族総ぐるみの信仰でないと救われない」と

大乗教

妙恩寺本堂内での勤行

いうことで、信徒の修養学習のための求道推進会と報恩会、低学年幼少年の竹の子会、中高生のやるき会、青年の若竹会、五十五歳未満の婦人の蓮の会・たちばな会（老）、老年の光明会があり、家族が題目の中に溶け込んで、題目と一つになるよう仕組まれている。また目的別に法親会、班長会、声明会、和讃会、題目講などある。地域ごとに分かれた二十五カ所の檀家宅では、毎月何回かの法座を開いている。開山の鎌田は平成二（一九九〇）年十一月に逝去したが、信者たちは鎌田の遺志を継いで題目と一つになる生活を送っている。[3] 平成七（一九九五）年、太田行圓が住職に就任した。

（三）大乗教系

a　大乗教

大乗教、名古屋市熱田区外土居町、信者数約三十万人。

大乗教の初代会長の小坂井啓陽（清五郎）や二代目管長の杉崎法山（貞次郎）は、辰子在世中から、仏教感化救済会で妙法の弘通教化や社会福祉事業に専心精進してきた。先述の如く戦時中も小坂井は東京支部長、杉崎は岡崎市で三河支部長として布教活動を続けた。

大乗教・仏舎利塔

戦後、新しい時代を迎え、今こそ妙法広宣流布に雄飛すべき時が来たと悟

法公会

インド大仏開眼奉告祭（大乗教・平成元年11月19日）

り、両氏をはじめ同志によって、昭和二十一（一九四六）年、東京都荏原区平塚に大乗教会を発足した。同年十月十三日、岡崎市の杉崎宅で発会式を行い、同年十二月十六日、刈谷市に仮本部を設け、杉崎の指導の下、猛烈な布教活動を展開した。昭和二十三（一九四八）年、現在地に大乗教を設立した。小坂井は初代会長、杉崎は初代総務庁長に就任した。以後、教学をはじめ、組織の拡充、信徒指導など積極的に行い、教団は着実に発展した。

昭和三十（一九五五）年、杉崎法山は二代目管長、昭和五十二（一九七七）年、杉崎法涌は三代目管長、平成二十三（二〇一一）年、杉崎法瑞は四代目管長に就任する。

同教の布教活動は国内だけに止まらず、平成元（一九八九）年にインド・ブッダガヤに高さ二十五メートルの大仏を建立し、大乗仏教の「逆輸出」を目指して、インド布教に乗り出した。[4]

b　法公会

単立、愛知県知立市西町、信者数約五万人。

法公会々長の榊原法公は、幼少の頃、大乗修養団（元仏教感化救済会）の信者であった母に連れられて法座に参加していた。十六歳の頃、戦後の荒廃した状況の中、大乗教の柴垣法隆に出会い、以来、広宣流布に寝食を忘れて邁進した。昭和三十四（一九五九）年、第一回全国大会を開き、大乗教内に法公会後援会を発足した。当時、会員は百人いた。同会に青年部、婦人部も発足した。布教方法に

真生会

法公会本堂内で立教記念祭

基づいて各地で講演会、座談会、法話など開催した。毎年、総会を開く度に会員が増え、ついに昭和四十八（一九七三）年、同会は立教を宣言して単立宗教法人となった。初代会長に榊原法公が就任した。以後、信者は志を一つに、広宣流布に励み、人々を教化してきた。[5] 平成二十三（二〇一一）年法公逝去。榊原光徳が会長に就任する。

c　真生会

真生会、岐阜市彦坂、信者数約二万人。

初代会長の田中偉仁は、十五歳から大阪で仕事をしていたが、二十五歳の時に結核で倒れる。当時、大乗教の信者であった母の勧めで、昭和二十五（一九五〇）年、大乗教に入信した。以後、栗山法明の下で修行をする。後、岐阜教会長として後進の指導に当たる。栗山亡き後、栗山の師匠の柴垣の下で修行を続けた。昭和五十四（一九七九）年、大阪で立教宣言をした。大阪で立教した理由は、田中が長く大阪で仕事をしていたため、知人が多いということと、人がたくさん集まる都会で一人でも多くの人を救済しようということである。独立に際して柴垣が「大乗教を看板にしてはいけない」といった忠告を守り、大乗教からは信者を一人も連れず、親

山頂に立つ高さ 10 mの観音像（真生会）

類にも声をかけず、ゼロから出発した。現に田中の娘婿も同会に入信せず、大乗教の知立教会長として活動している。しかし田中の人柄や信仰の厚さ、指導力に引かれて入信者が増え、大乗教からも新たに入信してきた。田中は初代会長、柴垣は顧問に就任する。信者は東京から広島までいるが、特に大阪と名古屋が多い。平成二十（二〇〇八）年偉仁逝去。田中庸仁が会長に就任する。

仏教感化救済会は辰子が懸念していた通り、戦前に国柱会系一教団、戦後は法音寺系二教団、大乗教系三教団に分派した。分派した経緯を考えてみると、良き指導者の下には多くの信者が集まり、やがて分派している。諸教団の信者たちは教団が異なっていても、安立行菩薩（辰子）の弟子であることに変わりがない。

註

（1）法音寺広報委員会編著『御開山上人伝』一九八七年、八一頁。
（2）社会福祉法人昭徳会編『昭徳会福祉七十五周年記念誌』一九八七年。法音寺『法音・毎号』。法音寺パンフレット。「中外日報」一九八七年十二月十一日付など。
（3）妙恩寺パンフレット。
（4）大乗教『大乗教団史・七十年の歩み』一九八四年。大乗教パンフレットなど。
（5）法公会ホープクラブ編『法公会の歩み』一九九〇年。法公会パンフレットなど。

三　菩薩道の実践

大乗仏教は、仏と同じ悟りを開くことを目標にしており、「悟りを求める人」を「菩薩」と呼んでいる。菩薩は先述の如く上に向かっては悟りを求め（上求菩提、自利）、下に向かっては人々を教化救済（下化衆生、利他）するために、精進している修行者である。安立行菩薩（辰子）の菩薩道の実践は、諸教団の菩薩（信者）たちにどのような形で継承され、実際社会に生かされてきたのか、諸教団の菩薩道の実践を見てみようと思う。

（一）一尊四菩薩

a　地涌の菩薩

北伝の諸説によると、釈尊は紀元前四六三―前三八三年頃、ネパールの釈迦族の王子として生まれ、二十九歳で出家し、三十五歳で悟りを開き、以来、伝道布教の生活を送り、八十歳で亡くなったといわれている。ところが『法華経』「如来寿量品」(1)に釈尊は、百千万億那由他阿僧祇劫に成仏して以来、娑婆世界で法を説いていたばかりでなく、十方のあらゆる世界でも衆生を教化してきたと説かれている。釈尊は久遠実成の本仏であるので、寿命が尽きることはないが、人々を導くために、方便をもって入滅を示してきたのである。法華経こそ久遠実成の本仏の永遠の教えであるので、功徳は無量で、現実の世界がたちどころに、浄土に変じることになる。

「従地涌出品」(2)に、釈尊は娑婆世界にガンジス河の砂の数に等しい菩薩がおり、それぞれの菩薩には多くの従者がいる。釈尊の声を聞いて、大地から大勢の菩薩たちが湧き出てきた。無数の菩薩の中には上行、無辺行、浄行、安立行の四人の導師がいる。この四人の導師は人々を導くことを自分の勤めとしている。釈尊は上行菩薩をはじめとする地涌の菩薩に「わが滅後、法華経を説くよう」（「如来神力品」(3)）命じた。しかし「法師品」には「この経を説く者は排斥されるであろう。如来が生きている現代ですら、多くの人々から斥けられている。ましてや如来が入滅した後はなおのことである」(4)と予言している。日蓮は数々の受難を受けた自分こそ、上行菩薩の再来であると確信するに至った。そして「我日本の柱とならむ。我日本の眼目とならむ。我日本の大船とならむ」(5)と三大誓願を立てた。(6)

b　本尊

諸教団の本尊の内、法音寺系は『法華経』「如来寿量品」に説かれる久遠実成の本仏・釈迦牟尼如来であり、大乗教系は釈迦牟尼如来が上行、無辺行、浄行、安立行の四菩薩を従えた一尊四菩薩を本尊にしている。一尊四菩薩を本尊にすることは、辰子の長年の宿願であったという。大乗教では日蓮は上行菩薩、辰子の師匠である鈴木キセは無辺行菩薩、法華宗の日覚は浄行菩薩、辰子は安立行菩薩と、日蓮をはじめとする法華経の行者を四菩薩に位置づけている。真生会では辰子は安立行菩薩、柴垣法隆は浄行菩薩、栗山法明は上行菩薩、田中偉仁は無辺行菩薩と、会長やその師匠を位置づけている。法音寺では一尊四菩薩は表面化していないが、一応、上行、無辺行、安立行は大乗教と同じであるが、浄行だけ当てはまる行者がいない。先述した如く四菩薩は釈尊に近い行者であり、人々を教化するために活動している。

c　先師

・辰子に対する意識

法音寺では、辰子のことを教祖といわずに、始祖（釈尊は教主、日蓮は宗祖）、妙恩寺では先師といっている。祀り方は法音寺では辰子の遺影を本堂に祀り、毎年、開山会で二代目会長・村上斎、三代目会長・鈴木修学、四代目会長・鈴木宗音と共に供養し、遺徳を偲んでいる。その他支院、布教所、信者宅にも遺影が祀ってある。妙恩寺では辰子は開山・鎌田行学の師匠として敬っている。大乗教系の諸教団は、辰子を教祖としている。内、大乗教では辰子は、久遠実成の使徒、五字妙法の布教者、末法の大導師・安立行菩薩として尊崇しており、辰子像を本堂、教祖殿、納骨堂、インド・ブッダガヤの釈迦堂に安置して、毎年、教祖祭を行っている。

教団によって辰子を始祖、先師、教祖と、異なった呼び方をしているが、信者にとって辰子は、偉大な先師であることに変わりがない。

・　各教団の先師

分派しても各教団共、先師を崇拝している。法音寺では始祖・初代会長・杉山辰子、二祖・二代目会長・村上斎、開山・三代目会長・鈴木修学、四代目会長・鈴木宗音の他、先師たちの命日には法要を営んでいる。法音寺から独立した妙恩寺では杉山辰子、村上斎、鈴木修学、祖父江つな[(7)]を納骨・納碑所で祀り、命日には法要を営んでいる。大乗修養団（元・仏教感化救済会）から独立した大乗教では、辰子の他、村上斎、大乗教から独立した法公会では辰子の他、前会長の榊原法公の師匠である柴垣法隆（大乗教・元副会長）、同じく大乗教から独立した真生会では、前会長の田中偉仁の師匠の師匠である柴垣法隆、師匠の栗山法明を祀っている。

戦後、五つの教団に分派したが、それぞれ先師の恩は忘れることなく祀っている。従って五つの教団の信者は、別の教団の信者でなく、同じ曼荼羅上の信者同士である。どの教団に入信しても、あるいはどの先師に付いていても、信者の目標は本仏に辿り着くことである。信者たちは自分に適した教団や先師に付き、法華経の菩薩道を実践している。

（二）上求菩提

諸教団では法座を担当する信教師や宣教師を養成する講座や学園を設けている。

a　在家僧侶の誕生

法音寺では在家のための信教師研修道場が、毎年五月と九月に三日ずつ開催されている。修行の内容は、一～二回生は明川道場で勤行及び所作、三～七回生は本山で読経練習と模擬法座を行う。回数を重ねる度に釈尊、日蓮、法華経についての講義がある。信教師は洞戸道場で「お神通かけ[8]」の基本学習と実習、「信教師の心構え」についての講義、法話研修、座談会研修など。毎年、十五人ほどの準教師（五回の行）や信教師（七回の前課程を修了）が誕生している[9]。

妙恩寺では信徒の修養学習のための求道推進会と報恩会がある。求道推進会は仏教を窮めたいという人が加入しており、理論的な教学の修得を目的としている。例会は毎月第一日曜日午前八時から十時まで。活動内容は水行、教学の現代化についてディスカッションを行い、会員が法華経御遺文をどのように受けとったか発表する。報恩会は一般檀信徒が法華経の実践をすることを目的としている。定例会は第三日曜日で、座談会、法要の後、外部から招いた講師の法話がある[10]。

大乗教では仏教精神に基づき、久遠実成の本仏釈迦牟尼如来の本懐である法華経により、広く専門の知識を授け、併せて人格を陶治し、教団発展に貢献する人物を養成することを目的とした大乗学園がある。入学資格は大乗教宣教師を目指す者。各教会長、支部長の推薦による。本山住み込みも通学も可としている。授業は毎月五日、十五日、二十五日の午後七時から十時まで。授業科目の内、教学科目は法華経教義、大乗教教義、仏教のあゆみ。布教々科目は講演、法要儀式。一般教養科目は書道、茶道、購読。修行年限は三年。三カ年を修了した者は宣教師候補となり、資格審査会の承認を得て宣教師の資格を得る[11]。

諸教団共、このような信教師や宣教師になるための講座が開かれており、誰でも努力次第で信教師や宣教師になれる。信教師や宣教師になって一般信者を導きながら、自分自身も成長していこうとする。既成宗教と異なる点は、女性の教会長や信教師、式衆が多いことである。過去には先述の祖父江つなや日蓮宗法華道心教会の開山・蟹江はつゑらがいた。

b　法座

辰子、つまり安立行菩薩の弟子である信者たちは、その広宣流布の大任に当たるべき使命感を持っている。そのための法座は諸教団共盛んであった。辰子の布教目的は「自分に精神修養するとともに、他人にも教えて善道に入らしむことは実に大いなる功徳であります。世界中の民衆にいかほど財宝を与うるといえど、法を与えざればこの民衆は現世安穏・後世善処と救われることはできません。もし一人の立派な人物を作れば、この人が次々立派な人を作って、ついには全世界を平和にすることができるのであります」[12]という。辰子の布教目的は単なる教団強化ではない。法華経は絶対的な教えであるという確信の上で、人々を救済しようというものである。

大乗教では「まず何でもいいから、だまって法座を五十回聞きなさい。そこに幸福の糸口が見つかります」[13]と勧めている。

各教団の法座は、本山で行う他、教会、布教所、信者宅も法の道場として開いている。法座は住職（管長、会長）、僧侶（日蓮宗）、信教師（宣教師）らが担当し、法座を通して信者間の絆を深めている。各教団の法座は次の日に行っている。

法音寺

本山で毎月七日、十七日、二十七日。全国三十六カ所の支院、布教所と信教師宅で月二〜三回。

妙恩寺

本山で毎月五日。第三日曜日。二十五カ所の信者宅で月一回。

大乗教

本山で毎月六、十六、二十八日。全国五十カ所の教会と信者宅で月二回。

法公会

本山で毎月一、八、十八、二十八日。毎週日曜日。愛知県、岐阜県内十二カ所の教会で月数回。

真生会

本山で毎月一日、観音の命日の十八日、二十八日。全国六カ所の教会で月数回。内、岐阜教会は毎月第一日曜日、第三日曜日。

諸教団共、法座の内容は、家庭や職場など身近な問題を取り上げ、わかりやすい用語で法華経や三徳の実践を説いている。

辰子は法話を聴きに来た信者には、紙袋に食糧や衣類など詰めて渡し、うどん、汁粉など振舞った。現在も法話の後に土産や昼食、茶など出している。中には豊かな時代であるから、土産を出さないと決めている教団もある。

(三) 下化衆生

諸教団は下化衆生として、次の活動を行っている。

a 布教活動

辰子は日蓮の伝記や法華経の解説をまとめた『世界の鑑』という小冊子を発行し、一般の人々にも配布した。現在も法音寺は『法音』、大乗教は「大乗信報」(機関紙)、『大乗』・『宝塔』、法公会は『大樹』、真生会は「真生」(機関紙)を発行している。

大乗教では先述の如く、布教活動は国内だけでなく、平成元(一九八九)年にはインド・ブッダガヤに大仏や釈迦堂を建立し、インド布教も行っている。諸教団の布教活動は、他の新宗教と比べると、消極的である。

b 社会福祉事業と教育

法音寺では前身の大乗救済部門を昭和二十七(一九五二)年に社会福祉法人昭徳会と改称し、養護施設、精神薄弱児・者施設、保育施設、医療施設、特別養護老人ホームなど運営している。昭和二十八(一九五三)年開設の学校法人日本福祉大学は、同大学院、同大学、同付属高校、同中央福祉専門学校、同高浜専門学校を経営している。大乗教は幼稚園を経営している。またインド・ブッダガヤのトレーニングスクールでは、インド人にミシンやタイプライターなどの職業訓練を施している。

法公会や真生会では、新日本宗教団体連合会に加入し、難民救済や地球環境問題などに取り組んでいる。

これら社会事業や学校経営などは、すべて辰子の遺志を継いだものである。

・　信者の社会福祉事業参加（法音寺）

一般信者は「教団が行う事業に、直接参加してない」という見解がある。しかし辰子在世中は医療の規制は現在ほど厳しくなく、一般信者も患者の世話ができたが、現在は医師、看護師、ケアーマネイジャー、社会福祉士、介護士、臨床心理士、ケースワーカーなど、それぞれの専門知識や技術で、患者や利用者の身体的自立のために、ケアサービスを行っている。専門的知識を持っていない人の医療は禁じられている。患者や利用者の自立生活のためには、身体的自立だけでなく、経済的自立と精神的自立も必要である。この点について信者は賛同している。

「自分のできることで世話をする」ことが法華経の精神である。法華経の肝心は実行である。身体的な手助けであろうと、金銭的な施しであろうと、実行することが大事である。今できなくても、懸命に良い方向を目指そうと努力していけば良いのである。法音寺の社会福祉事業は、法華経の下化衆生を抜きには考えられない。

・　全人類愛の救済（法音寺）

また法音寺の社会福祉事業は国内に止まっているので「国際性に欠ける」ともいわれている。確かに民間の施設なら、そのようなことがいえるかもしれない。しかし先述の如く「仏教感化救済会の使命と意義」に「もし一人の立派な人物を作れば、この人が次から次へと立派な人を作って、ついには全世界を平和にすることができるのであります」とある。まずは「一人が喜びを得られると必ずもう一人に伝わります。喜びの輪はこうしてどんどん広がってゆくのです」[14]と、一人のスタートが全人類を幸せにすることができるという。法音寺の社会福祉事業は全人類愛に基づいたものである。まず国内救済から発し、全世界に向けられたものである。例え今微力であっても、やがて全世界を照らす力となる。

・　四苦のケア

法音寺の社会福祉事業は、釈尊が説く人生苦の根本原因である四苦（生・老・病・死）のケアも伺える。

「生」として保育所、児童養護施設、地域小規模児童養護施設、児童家庭支援センター、児童自立生活援助事業、障害者支援施設、知的障害者援護施設（通所）、障害福祉サービス事業、知的障害児施設の運営。

「老」として特別養護老人ホーム、養護老人ホーム、軽費老人ホーム、高齢者生活支援事業（受託事業）、高齢者短期入所生活介護事業、認知症老人共同生活援助事業、老人デイサービスセンター、居宅介護支援事業の施設や事業所の運営。

「病」として診療所の運営。

「死」として同寺で死者供養、老人施設の運営。「老」に当てはめた事業所は、ターミナルケアに取り組んでいるので「死」にも分類できる。

入所者は規律正しい生活を通じて、社会生活に必要な最低限のことを身につけ、社会の健全な一員となるよう指導している。

鈴木修学は「施設経営者の忘れてはならない事は、一般社会の人々が常に援助して下さる事であります。若し養護施設の子等が付近の人々より憎まれたら、どんなに施設が美しくても、努力しても駄目です。一般社会の子供と同じように親しみ、可愛がって下さることによって子供も本当に育ちます。（中略）社会の人々の情と助力によりまして始めて社会事業の経営が出来るのでありますし、又其の目的を達成する事が出来ます。社会事業は私がやっているのでなくて社会の人々がやらせて居て下さるのです。（後略）[15]」と述べている。法音寺の施設は教団の施設というよりも、一般社会が支持する施設を目指している。

以上諸教団の社会福祉事業は、一般社会の社会福祉事業と比較すると、いうまでもなく法華経の菩薩道の実践が根底にあるということである。菩薩道の実践は、社会がどのように変化しても、偽りのない困窮者救済でなくてはならない。今後も信者一人一人は、自分のできることで困窮者救済に精進していくことと思われる。

註

（1）『大正蔵』第九巻、四二頁中。
（2）前掲書、第九巻三九頁下―四〇頁中。
（3）前掲書、第九巻五二頁上。
（4）前掲書、第九巻三一頁中。
（5）宗教法人創価学会『日蓮大聖人御書全集・開目抄下』一九五二年、二三二頁。
（6）大森崇、小向正司編『日蓮の本』学習研究社、一九九三年。川上光代「杉山辰子とその後継者たち」（日本宗教学会『宗教研究・三三二号』二〇〇二年、二六―二七頁）。
（7）杉山辰子と共に、仏教感化救済会で活躍した女性信者。
（8）お神通かけは、読経をしながら相手の背中を擦る加持祈祷で、「身も心も浄める」、あるいは「悪いものを除き、仏性を輝かせる」という意味がある。
（9）法音寺広報委員会編『法音・一九九一年六月号』六四―六五頁。
（10）妙恩寺パンフレット「人間らしい生活を求めて」。

(11) 大乗教「大乗信教」一九九〇年二月十日付。
(12) 法音寺広報委員会編『法音・一九九一年五月号』四〇頁。
(13) 大乗教総務庁『大乗教入信の手引き』一九八四年、一九頁。
(14) 法音寺広報委員会『法音寺物語・上』二〇〇八年、表紙裏面。
(15) 法音寺広報委員会編『法音・二〇一一年三月号』一八頁。

四 組織と民間信仰

諸教団には、次のような組織と法華経以外の信仰もある。

(一) 組織

a 縦の組織

諸教団には縦の組織がある。法音寺では本山の下に全国三十三カ所の教会、四百九十カ所の布教所がある。法音寺では住職—副住職—信進法縁会（僧侶）—信教師（檀信徒）—準信教師（檀信徒）—一般檀信徒—の順になっている。大乗教では管長—副管長—老師—正教師—中教師—正宣教師—宣教師補—準教師—一般信者の順になっている。この組織の上下は、信者の修行に応じたものである。極端なことをいうならば、信者の努力次第で、先師を追い抜くこともできる。しかし信者たちの目的は名誉職に就くことではなく、本仏に近づくことである。教団の縦の組織は、修行の段階の目安のようなものであり、旧共同体や現在の会社の組織とは異なっている。

b　小グループ

諸教団には年齢別、性別、地域別の小グループがある。例えば法音寺では母子会、婦人会、青年会、妙恩寺では低学年幼少年の竹の子会、中高生のやるき会、青年の若竹会、婦人の蓮の会（五十五歳未満）、たちばな会（五十五歳以上）、老年の光明会。法公会では青年部、婦人部がある。その他地域別の小グループがある。

諸教団共、大きなピラミット形の組織の中に、小さなピラミット形の組織が詰まっている。教団内では末端の信者まで見放されることがない。

（二）民間信仰

a　先祖供養

辰子は「先祖の恩を忘れてはなりません」と、先祖供養の大切さを説いている。一般に教団に入信すると檀那寺と縁を切るが、諸教団の信者たちは檀那寺と縁を切ることはない。法音寺の信者は、檀那寺で葬式や法事など行っている。また墓や仏壇についても厳しい規制はない。ほとんどの信者は親から引き継いだ墓を守っている。法音寺の檀家になった人は、八事霊園内の法音寺の霊園に改葬している。中には墓に納骨しないで、教団の納骨所に納骨する場合もある。その他檀那寺の本山や檀那寺に納骨するなど、さまざまである。仏壇は檀那寺の仏壇で祀っている人が多い。中には檀那寺と教団の仏壇を並べて祀っている人もいる。盂蘭盆供養や春秋の彼岸会などは、檀那寺と教団で二重供養をしている。

b　町内会協賛の盆踊り

法音寺では盆踊りを町内会協賛で行っている。信者も地域住民も共に櫓の周りを、太鼓とレコードに合わせてなごやかに踊っている。(1)

c　水子供養

妙恩寺では水子のための水子精霊堂を設け、水子供養大祭や水子月並祭など、一年中、水子供養を営んでいる。法公会や真生会も境内に水子地蔵を祀っている。妙恩寺の開祖・鎌田行学は、水子供養について「目に見える物を差し出すよりもお題目をあげ、お経をあげ、目に見えない並々ならない功徳と並々ならない思いやりというものを水子はどんなに喜ばれるでしょう(2)」と題目と経を水子にあげることを勧めている。

d　祈願

・　病気祈願

法音寺や妙恩寺では七月にほうろく加持（虫封じ）、大乗教や法公会では護摩堂で病気祈願を行っている。

・　成育祈願

辰子は有徳の人材育成のために、胎内教育や霊魂供養を行ってきた。法音寺では胎教授与式や七五三、子預け（大黒・鬼子母神祭の時に行う）として、受け継いでいる。

・　その他の祈願

その他悪業消滅、無病息災、商売繁盛、合格、良縁、家内安全、学力向上、子宝安産などの祈願を信者の要望で行っている。

先祖供養や諸願成就の祈願、厄を払うことは、信者個人の信仰であり、日本の伝統的な信仰でもある。こうした信仰の上に、菩薩道の実践があるようである。

註

（1）法音寺の盆踊りは、昭和五十五（一九八〇）年頃、中止したが、平成元（一九八九）年に再開した。

（2）鎌田行学『生きがいとは何だろう。生きざま』妙恩寺、一九九一年、一八四頁。

以上杉山辰子の仏教感化救済会は、戦後、五つの教団に分れたが、まったく別の教団ではなく、それぞれ五弁の蓮華を構成しているといった方が良いように思える。蓮華の中心には本仏が座しており、近くには安立行菩薩（辰子）、その後の五弁の蓮華にはそれぞれ先師がおり、その下で信者たちは、日々、菩薩行に精進している。信者たちは先師や安立行菩薩（辰子）を目指し、最終的には本仏に向かうのが目的である。信者が本仏に近づくにつれ、教団間の柵は取り払われる。本仏の近くにいる菩薩たちは、一教団の先師ではなく、法華経の菩薩道を実践する先師である。

諸教団には「先師の菩薩行—現信者の菩薩行—後の信者の菩薩行」という発展過程が見られる。この先師崇拝は、先述の日本の先祖崇拝、つまり「先祖の知恵—現家族の知恵—子孫の知恵」に似ているようにも思える。また一般に教団は教団に個性があり、信者に個性がないが、諸教団は「上求菩提、下化衆生」の菩薩道を実践する「菩薩の集合体」である。今、個の社会に求められる「自立した個人の集合体」や「共生社会」が諸教団にある。信者たちは安定した中に身を置いているからこそ、菩薩道の実践に精進できるのかもしれない。

まとめ

第一部の如く、かつて家は先祖からの家業を、家長の下、家族が協力して励んできた。昔の人々は「先祖のお陰で仕事ができ、家族が生活できる」と、日々、先祖に感謝をしてきた。家業はただ励んで守れば良いのではなく、農家なら機械の導入や外国の肥料を試してみるなど、より収穫を増す工夫を行わなければならない。

同様に商家や職人の家も、先代から受け継いだまま、次期主人や奉公人に引き渡していない。一つの店や製品には、時には外国の物を受付け、「先人に学んで乗り越え（る）」てきた発展過程がある。内、外国の物は例え優れていても、いつまでも輸入した時のままではない。

日本の歴史を振り返れば、古墳時代から中国や朝鮮の優れた文化（社寺建築、漢字、陶器、呉服、美術工芸品、芸能、宗教、緑茶など）を取り入れてきたが、必ず日本独自の文化として発展させてきた。その後で新たな宗教や芸術が生まれている。

明治以後は西洋の技術を導入し、急速に西洋化した。明治の産業革命の遺産は、群馬県の富岡製糸産業遺産群に続き、平成二十七（二〇一五）年、長崎県の端島炭鉱（軍艦島）や静岡県の韮山反射炉など、二十三施設が国連教育科学文化機関（ユネスコ）の世界遺産に登録された。諮問機関の国際記念物遺跡会議（イコモス）は「西洋技術を積極的に改良して日本のニーズや伝統に適合させ、わずか五十年余りという短期間で本格的な産業化を達成した」[1]と評価している。明治の産業革命は、日本の伝統を切り捨て、西洋化したように見えるが、実際は西洋技術に日本の伝統を融合してきた。

東京スカイツリーは、寺社建築や日本刀などに使われている「そり」「むくり」という日本の伝統的な形で塔体を形づくっており、塔の中央は法隆寺の五重の塔で使用している「心柱」を参考にしているため、千年はもつといわれている。

現代の日本は表面的には欧米化してしまったようであるが、古い街並みや職人の世界、共生の精神（助け合い、おもてなし、絆、信用）など、日本の伝統は、最近特に表面化してきたように思える。海外からの観光客は茶道、華道、茶摘み、滝行、麺づくりなどの体験や山村での宿泊、社寺や古い街並みの観光などしている。また日本の運動会は共同体のコミュニケーションを図るのに良いということで、取り入れている国もある。さらにアジアの観光客の中には、日本の製品を爆買して行く様子がテレビで報道されている。これは商人が大切にしてきた「信用を売る」とか、先述の「先祖崇拝」（代々の技術開発）が、受け継がれてきたからである。しかし信用を落とすことを一度でもすれば、終わりであることを、肝に銘じなくてはならない。このことも先祖からの教えである。

海外から取り入れた技術、社会、精神などは、和様化して次の世代に伝えていくことが未来に続くことである。日本の発展は「先祖崇拝」、つまり代々の先祖から受け継いできたことを無視して、望めないといっても過言ではない。

また良質な製品を作るためには、仕事場が穏やかでなければいけない。どんな職場でも従業員同士の諍いや後継者争いなど、苦難の歴史があった。集団が平穏であるためには、厳しい規制も必要である。国には「法律」があるように、地下には「地下細則」、職場には「社訓」や「社則」、家には「家訓」があるが、違反者は必ずいる。

旧共同体には規制以前に、「和」「相互扶助」「絆」など、共生の精神が流れていた。内、「和」は聖徳太子の「十七条憲法」に記してあるように、日本人が大切にしてきたことである。他人や他国との「和」や「共生」は、一人一人が把握していれば、多くを語らなくても良いことである。ただ「和」を重んじるあまりいいたいことをいわず、「長い者に巻かれろ」とか「触らぬ神に祟りなし」という消極的な面もある。

現在、核家族化、少子高齢化社会、人口激減など、深刻な問題を抱えている。どんなに望んでも家族に囲まれて生活することは難しくなってきた。個の社会は、独居の高齢者や故郷を離れて暮らす若者にとって、不安と孤独を感じる社会であるが、家族に囲まれて暮らしていても不幸な人はたくさんいる。例え天涯孤独者でも、充実した生き方をしている人は幸せである。しかし誰でも必ず人の助けが必要になる時が来る。幸いなことに平成十二（二〇〇〇）年に介護の問題を社会全体で支え合うために、介護保険制度がスタートした。以前と較べれば現在の高齢者は恵まれているが、中には営利目的や虐待などの問題が起きている施設もある。

現代の「個の社会」「無縁社会」「少子高齢化社会」に求められることは、福祉国家である。困窮者を救済するためには、経済的な援助とあたたかい支援が必要である。現代人に欠けていることは、他人への思いやりや共生、感謝など、旧共同体にあった精神面ばかりである。

「個の社会」も明治の産業革命のように、日本の伝統的な社会やその精神面との融合の中で築いていかなくては、欧米の借り物のままで、行き詰ってしまう。

経済発展を第一に考えていた時代は、名誉や財産など表面的なものに執着し、叶えられた者は「勝ち組」、叶えられない者は「負け組」といわれた。そういう状況の中、自分だけ良ければ良く、満たされないと自暴自棄になる人もいた。こうした自己中心的な考え方には、発展過程はなく、共生の精神も育たない。戦後経済は驚くような勢いで成長したが、その速さに精神面が付いていけなかったようである。

最近、日本の伝統が表面化してきたのは、経済的に安定したことや、欧米の技術を導入する必要がなくなったからかもしれない。置き去りにしてきた日本の伝統や精神面は、見直す時が来ているようである。

どんな時代でも教団の信者たちは、常に精神面を重要視してきたが、中には上の者に絶対服従で、結束力があるため、社会問題を起こしてきた教団もある。本稿で取り上げた諸教団は、法華経の菩薩道を実際社会に具現化するために、社会福祉事業や教育など行ってきた。信者一人一人は生きる意義や、自分も他人も仏の世界を目指している同志であり、困窮者救済は当然のことと思っている。

一般の人々に法華経の菩薩行を要求することはできないが、何らかの方法で、一人一人が生きる意義や共生の精神を認識すれば、世界中の人々と仲間意識を持つことができる。自立した個人と個人が集まれば「自立した個人の集合体」になる。これほど確かで強固な集団はない。将来日本は多民族国家になるかもしれないが、日本人も外国人も共に最高を目指して生きている者同士であることを忘れてはいけない。誰もが本仏に近づくにつれ、日本人、韓国人、中国人、アメリカ人、フランス人、ブラジル人という垣根は取り払われる。「個の社会の和様化」や「自立した個人の集合体」が今後の課題となる。

おわりに、本稿の中で教団の方々の敬称を省略した非礼を深くお詫び申し上げ、また風媒社の劉永昇編集長ならびにスタッフの方々のご苦労に感謝しながら、あとがきに代えさせていただくことにする。

二〇一六年五月

川上光代

註

（1）「中日新聞」二〇一五年五月五日付日刊。

参考文献

岸本英夫『宗教学』大明堂、一九六一年。
H・N・マックファーランド『神々のラァシュアワー』社会思想社、一九六九年。
日本宗教史研究会編『共同体と宗教』法蔵館、一九七四年。
小笠原真『近代化と宗教』世界思想社、一九九四年。
井上順孝編『現代日本の宗教社会学』世界思想社、一九九四年。
宮田登『日本人と宗教』岩波書店、一九九九年。
橋爪大三郎『世界がわかる宗教社会学入門』筑摩書房、二〇〇一年。
末木文美士『日本宗教史』岩波書店、二〇〇六年。
圭室文雄編『日本の宗教と庶民信仰』吉川弘文館、二〇〇六年。
遊佐道子『日本の宗教』春秋社、二〇〇七年。
渡辺直樹編『宗教と現代がわかる本』平凡社、二〇〇七年。
石井研士『現代日本人の宗教』新曜社、二〇〇八年。

『大正蔵』第九巻、第一二巻、第一六巻、第一八巻、第二〇巻。
中村元監修『新・佛教辞典』誠信書房、一九六二年。
中村元、早島鏡正、紀野一義訳註『浄土三部経・上』岩波書店、一九六三年。
辻直四郎訳『リグ・ヴェーダ讃歌』岩波書店、一九七四年。
『高楠順次郎全集』太陽社、一九七八年。
辻直四郎訳『バガヴァット・ギーター』講談社、一九八〇年。
アジト・ムケルジー『タントラ東洋の知恵』新潮社、一九八一年。
末木文美士『日本仏教史』新潮社、一九九六年。

堀一郎『民間信仰』岩波書店、一九五一年。
『古事記祝詞・日本古典文学体系』岩波書店、一九五八年。
関敬吾編『民俗学』角川書店、一九六三年。
大間知篤三『志摩の年齢階梯制』文化庁、一九六五年。
高柳光寿、竹内理三編『日本史辞典』角川書店、一九六六年。
芳賀登『葬儀の歴史』雄山閣、一九七〇年。
前田卓『巡礼の社会学』ミネルヴァ書房、一九七一年。
堀田吉雄『日本の民俗・三重』第一法規、一九七二年。
五来重『仏教と民俗』角川書店、一九七六年。
五来重『続仏教と民俗』角川書店、一九七九年。
祝宮静『日本の民俗行事』桜楓社、一九七二年。
大塚民俗学会編『日本民俗辞典』弘文堂、一九七二年。
和歌森太郎『神ごとの中の日本人』弘文堂、一九七二年。
『新編・柳田国男編・第五巻』筑摩書房、一九七八年。
大法輪編集部編『先祖供養と葬送儀礼』一九八五年。
海の博物館編『海と人間』一九八六年。
小倉栄一郎『近江商人の系譜』社会思想社、一九九〇年。
後藤総一郎編『柳田国男をよむ』アテネ書房、一九九五年。
谷川健一『柳田国男の民俗学』岩波書店、二〇〇一年。

『方丈記・徒然草・日本古典文学体系三〇』岩波書店、一九五七年。
板野博行『語句ヱ門』星雲社、二〇〇五年。
高橋こうじ『日本の大和言葉を美しく話す』東邦出版、二〇一四年。

法音寺広報委員会編著『御開山上人伝』一九七八年。
大乗教総務庁編『大乗教団史・七十年の歩み』一九八四年。

大乗教教務庁『大乗教入信の手引き』一九八四年。

社会福祉法人昭徳会編『昭徳会福祉七十五周年記念誌』一九八七年。

法公会ホープクラブ編『法公会の歩み』一九九〇年。

法音寺広報委員会編『安立行・上』一九九一年。

法公会『教祖・杉山辰子大菩薩』一九九一年。

法音寺広報委員会編著『泰山第一話～五話』二〇〇三～二〇〇七年。

西山茂、小野文珖、清水海孝『大乗山法音寺の信仰と福祉』仏教タイムス社、二〇一一年。

星野貞一郎『日本の福祉を築いたお坊さん』中央法規、二〇一一年。

法音寺広報委員会編『法音』毎号。

大乗教「大乗信教」。


宮脇源次、森井利夫、瓜生一美、豊福義彦『社会福祉入門』ミネルヴァ書房、一九八〇年。

名古屋市『居宅介護支援事業所ガイドブック』二〇〇九年。

財団法人長寿社会開発センター『ホームヘルパー養成研修テキスト』第一法規出版、一九九五年。

井上治代『現代お墓事情』創元社、一九九〇年。
セキセー株式会社『葬儀にまつわる体験談・二』一九九〇年。
社団法人全日本冠婚葬祭互助会『外務員教本・らいふあっぷBOOK』一九九四年
名古屋冠婚葬祭互助会「ふれあい倶楽部」毎号。

「中日新聞」

「中外日報」

「新・三河タイムス」

名古屋市住宅公社編「住宅だより・第五六号」二〇一二年六月十八日付。

著者略歴
川上　光代（かわかみ・みつよ）
1945年　京都市生まれ
1986年　愛知学院大学大学院文学研究科博士課程満期退学
1986～88年　南山宗教文化研究所研究員
幼稚園教諭や新聞記者などの傍ら、民俗学、宗教学、仏教学の研究を続けてきた。
論文に、「インドにおける観音思想の研究」「観音の五蘊の働き」「尾張の観音霊場について」「現代日本人の葬送観と葬送の現状」「杉山辰子とその後継者たち」「氏神・檀那寺の移行」など。

個の社会の和様化

2016年8月30日　第1刷発行
（定価はカバーに表示してあります）

著　者　　川上　光代

発行者　　山口　　章

発行所　名古屋市中区上前津 2-9-14　久野ビル
振替 00880-5-5616 電話 052-331-0008　風媒社
http://www.fubaisha.com/

乱丁本・落丁本はお取り替えいたします。　＊印刷・製本／モリモト印刷
ISBN978-4-8331-5310-2